"十四五"职业教育国家规划教材

"十三五"职业教育国家规划教材

高等职业教育智能制造领域人才培养系列教材
智能控制技术专业

MES基础与应用

彭振云 高毅 唐昭琳 编

INTELLIGENT CONTROL TECHNOLOGY

机械工业出版社
CHINA MACHINE PRESS

本书为"十四五"职业教育国家规划教材。本书面向智能制造工业互联网背景下的制造执行系统（MES）应用、维护和技术支持岗位的人才培养需求，遵循现行的ISO/IEC 62264系列标准的基本框架，按照生产管理、物料管理、质量管理和设备管理四大制造运行管理范畴介绍了MES的组成、功能、用途和操作。其编写目的是让学生掌握MES的应用技能，理解基于MES的数字化车间运行管理方法。本书在编排形式上采用了项目牵引、任务驱动的方式，包括理论教学和实践教学两部分内容。

本书可作为高等职业院校机械制造与自动化、电气自动化技术、智能控制技术、工业机器人技术、工业互联网应用、工业工程技术、软件技术及工业互联网技术等专业的教材，也可以作为中等专科学校、职工大学和成人教育相关专业的教材及工程技术人员的参考书。

本书配有二维码、电子课件及相关教学资源，读者可扫描书中二维码观看视频或登录机械工业出版社教育服务网www.cmpedu.com注册后下载。咨询电话：010-88379375。

图书在版编目（CIP）数据

MES基础与应用/彭振云，高毅，唐昭琳编. —北京：机械工业出版社，2019.11（2025.1重印）

全国机械行业职业教育优质规划教材. 高职高专　经全国机械职业教育教学指导委员会审定　高等职业教育智能制造领域人才培养系列教材. 智能控制技术专业

ISBN 978-7-111-63822-3

Ⅰ. ①M… Ⅱ. ①彭… ②高… ③唐… Ⅲ. ①制造工业—工业企业管理—计算机管理系统—高等职业教育—教材 Ⅳ. ①F407.406.14

中国版本图书馆CIP数据核字（2019）第211705号

机械工业出版社（北京市百万庄大街22号　邮政编码100037）
策划编辑：薛　礼　　责任编辑：薛　礼
责任校对：王　欣　　封面设计：鞠　杨
责任印制：郜　敏
三河市宏达印刷有限公司印刷
2025年1月第1版第13次印刷
184mm×260mm・15.25印张・362千字
标准书号：ISBN 978-7-111-63822-3
定价：47.00元

电话服务　　　　　　　　　　网络服务
客服电话：010-88361066　　　机　工　官　网：www.cmpbook.com
　　　　　010-88379833　　　机　工　官　博：weibo.com/cmp1952
　　　　　010-68326294　　　金　书　网：www.golden-book.com
封底无防伪标均为盗版　　　机工教育服务网：www.cmpedu.com

关于"十四五"职业教育
国家规划教材的出版说明

为贯彻落实《中共中央关于认真学习宣传贯彻党的二十大精神的决定》《习近平新时代中国特色社会主义思想进课程教材指南》《职业院校教材管理办法》等文件精神,机械工业出版社与教材编写团队一道,认真执行思政内容进教材、进课堂、进头脑要求,尊重教育规律,遵循学科特点,对教材内容进行了更新,着力落实以下要求:

1. 提升教材铸魂育人功能,培育、践行社会主义核心价值观,教育引导学生树立共产主义远大理想和中国特色社会主义共同理想,坚定"四个自信",厚植爱国主义情怀,把爱国情、强国志、报国行自觉融入建设社会主义现代化强国、实现中华民族伟大复兴的奋斗之中。同时,弘扬中华优秀传统文化,深入开展宪法法治教育。

2. 注重科学思维方法训练和科学伦理教育,培养学生探索未知、追求真理、勇攀科学高峰的责任感和使命感;强化学生工程伦理教育,培养学生精益求精的大国工匠精神,激发学生科技报国的家国情怀和使命担当。加快构建中国特色哲学社会科学学科体系、学术体系、话语体系。帮助学生了解相关专业和行业领域的国家战略、法律法规和相关政策,引导学生深入社会实践、关注现实问题,培育学生经世济民、诚信服务、德法兼修的职业素养。

3. 教育引导学生深刻理解并自觉实践各行业的职业精神、职业规范,增强职业责任感,培养遵纪守法、爱岗敬业、无私奉献、诚实守信、公道办事、开拓创新的职业品格和行为习惯。

在此基础上,及时更新教材知识内容,体现产业发展的新技术、新工艺、新规范、新标准。加强教材数字化建设,丰富配套资源,形成可听、可视、可练、可互动的融媒体教材。

教材建设需要各方的共同努力,也欢迎相关教材使用院校的师生及时反馈意见和建议,我们将认真组织力量进行研究,在后续重印及再版时吸纳改进,不断推动高质量教材出版。

机械工业出版社

为了深入贯彻落实党的二十大精神，响应国家关于职业教育改革和新时代职业教育高质量发展的号召，适应实体经济数字化转型和智能制造产业迅猛发展的趋势，配合高职高专院校开展专业和课程建设，完成立德树人的根本任务，编者编写了本教材并与进行了时俱进地修改完善。本书将软件技术、自动化技术和制造运行管理知识相结合，遵循现行的系列国际标准——企业控制系统集成（ISO/IEC 62264）的基本框架，按照生产管理、物料管理、质量管理和设备管理四大制造运行管理范畴的活动顺序展开介绍，内容新颖，结构合理。

1）以学生为中心进行内容设计，便于开展项目式课程教学。针对高等职业院校学生的特点，本书设计了6个项目，每个项目被分解成若干个任务，每个任务由"相关知识""任务描述"和"任务实施"构成，尽量与生产运行管理实际情况一致。对理论知识没有系统讲述，而是将知识点分解在每个任务的"相关知识"及每个项目的"项目背景"和"拓展知识"中，这种按照项目进展引入碎片化知识的方式与学生们通过网络获取知识的习惯一致，有助于学生保持学习兴趣，并取得更好的学习效果。

2）融入课程思政元素，引导学生正确理解产业发展和岗位要求。智能制造和工业互联网分别是第四次工业革命和实体经济数字化转型的主要支撑，学生进入工作岗位后将在数字化环境中从事生产、管理和运维等工作。针对这种需求，在"相关知识"和"拓展知识"中介绍了智能制造和工业互联网领域中的新概念和实际案例，帮助学生了解数字化背景下的产业和岗位发展趋势。

本书由彭振云、高毅和唐昭琳编写。彭振云编写绪论、项目一和项目二中的理论部分，并负责全书统稿；高毅编写项目三、项目四及全书的"任务描述"和"任务实施"部分；唐昭琳编写项目五和项目六中的理论部分。本书在编写过程中，得到了科技部"创新创业"人才入选者、宜科（天津）电子有限公司董事长张鑫及其公司MES技术团队的大力支持，在此表示衷心的感谢！

由于编者水平有限，书中错误和不妥之处在所难免，欢迎读者批评指正、不吝赐教。联系邮箱：pengzhenyun@tsinghua.org.cn。

编　者

前言

绪论 ································· 1

项目一　认知数字化车间和MES ········ 5
知识目标 ····························· 5
技能目标 ····························· 5
项目背景 ····························· 5
 任务描述 ··························· 6
 相关知识 ··························· 7
  一、车间生产运行管理活动 ········· 7
  二、从传统车间到数字化车间 ······ 13
  三、MES的功能结构 ··············· 15
  四、MES软件的组成 ··············· 18
  五、MES在实现车间数字化中的
    应用 ·························· 18
 任务实施 ·························· 19
  一、认知ElcoDWS示教数字化车间 ··· 19
  二、认知ElcoMES软件 ············· 24
 拓展知识 ·························· 26
  一、工业4.0参考架构模型 ·········· 26
  二、中国智能制造系统架构 ········ 28
  三、工业互联网平台参考架构 ······ 30

项目二　基础数据管理 ················ 33
知识目标 ···························· 33
技能目标 ···························· 33
项目背景 ···························· 33
 任务一　生产资源管理 ·············· 34
  任务描述 ························ 34
  相关知识 ························ 34
   一、生产资源管理 ·············· 34
   二、工位与工序 ················ 35
   三、生产工艺流程与生产线体 ···· 35
  任务实施 ························ 36
   一、人员 ······················ 37
   二、设备 ······················ 39
   三、工位 ······················ 42
   四、终端 ······················ 43
   五、物料 ······················ 44
   六、工位生产能力 ·············· 45
   七、工序 ······················ 47
   八、工序工位规则 ·············· 50
   九、生产工艺流程 ·············· 51
   十、生产线体 ·················· 54
   十一、托盘 ···················· 56
 任务二　产品定义管理 ·············· 58
  任务描述 ························ 58
  相关知识 ························ 59
   一、产品定义管理 ·············· 59
   二、产品定义数据 ·············· 59
  任务实施 ························ 60
   一、产品型号 ·················· 60
   二、产品货号 ·················· 61
   三、生产需求 ·················· 67
   四、工艺指导书 ················ 69
 拓展知识 ·························· 71
  一、生产资源模型 ················ 71
  二、产品定义模型 ················ 76

项目三　生产管理 ···················· 79
知识目标 ···························· 79
技能目标 ···························· 79
项目背景 ···························· 79
 任务一　制订生产计划和排产 ········ 80
  任务描述 ························ 80
  相关知识 ························ 81
   一、MES中的生产计划 ············ 81
   二、MES接收销售订单数据的方法 ··· 82
  任务实施 ························ 82

一、编辑一个Excel格式的订单
　　　　文件 ································· 84
　　二、在MES中创建订单数据 ········ 84
　　三、修改订单BOM ······················ 86
　　四、订单生产排程 ························ 89
　　五、工位任务转移 ························ 90
　　六、排程确认 ································ 91
　　七、备料并打包 ···························· 91
　　八、查看未下达的工位任务 ········ 91
　　九、查看工位物料需求 ················ 92
任务二　任务分派与生产执行 ············ 93
　　任务描述 ······································· 93
　　相关知识 ······································· 94
　　一、生产任务分派与执行 ············ 94
　　二、在制品在工序间传递的方式及
　　　　对订单生产周期的影响 ········ 94
　　三、生产数据采集 ························ 96
　　任务实施 ······································· 97
　　一、下达任务 ································ 99
　　二、线边库收料 ·························· 100
　　三、线边库发料 ·························· 100
　　四、工位接收任务 ······················ 100
　　五、任务转移 ······························ 102
　　六、开始处理一个生产任务 ······ 103
　　七、接收物料 ······························ 106
　　八、接收在制品 ·························· 108
　　九、开始生产 ······························ 109
　　十、输出在制品 ·························· 109
　　十一、填报工时 ·························· 110
　　十二、结束一个生产任务 ·········· 111
任务三　生产跟踪控制与绩效分析 ···· 112
　　任务描述 ····································· 112
　　相关知识 ····································· 112
　　一、生产控制 ······························ 112
　　二、生产进度控制 ······················ 112
　　三、生产控制的技术基础 ·········· 113
　　四、基于生产工时的绩效分析 ··· 113
　　任务实施 ····································· 113
　　一、订单跟踪与任务调度 ·········· 114
　　二、生产情况统计 ······················ 116

　　三、生产绩效分析 ······················ 117
拓展知识 ·· 121
　　一、企业的分层生产计划体系 ···· 121
　　二、生产计划的条件、目标和
　　　　策略 ···································· 123
　　三、业务层的生产计划方法 ······ 125
　　四、高级计划排程（APS）········ 128
　　五、精益生产 ······························ 128
　　六、敏捷制造 ······························ 130

项目四　物料管理 ························· 133

知识目标 ·· 133
技能目标 ·· 133
项目背景 ·· 133
任务一　管理生产物料 ························ 134
　　任务描述 ····································· 134
　　相关知识 ····································· 134
　　任务实施 ····································· 135
　　一、定义库位 ······························ 137
　　二、编辑订单文件 ······················ 140
　　三、导入订单 ······························ 140
　　四、排程 ······································ 140
　　五、物料采购 ······························ 140
　　六、物料入库 ······························ 140
　　七、物料出库与打包 ·················· 142
　　八、成品入库 ······························ 144
任务二　分派和跟踪生产物料 ············ 146
　　任务描述 ····································· 146
　　相关知识 ····································· 146
　　任务实施 ····································· 147
　　一、线边库收料 ·························· 147
　　二、线边库发料 ·························· 149
　　三、工位跟踪物料 ······················ 152
　　四、工位接收物料 ······················ 153
拓展知识 ·· 154
　　一、物料需求计划（MRP）······ 154
　　二、从物料需求计划（MRP）到
　　　　制造资源计划（MRPⅡ）···· 156
　　三、从制造资源计划（MRPⅡ）到
　　　　企业资源计划（ERP）········ 157

项目五　质量管理 ······ 159

知识目标 ······ 159
技能目标 ······ 159
项目背景 ······ 159
任务一　管理质量数据 ······ 160
　　任务描述 ······ 160
　　相关知识 ······ 160
　　　一、产品质量 ······ 160
　　　二、质量数据 ······ 160
　　任务实施 ······ 161
任务二　管理质检计划 ······ 162
　　任务描述 ······ 162
　　相关知识 ······ 162
　　　一、质量管理活动 ······ 162
　　　二、质检类型 ······ 164
　　　三、质检流程 ······ 165
　　　四、质检计划 ······ 166
　　任务实施 ······ 168
任务三　管理质检作业 ······ 169
　　任务描述 ······ 169
　　相关知识 ······ 169
　　　一、质检定义 ······ 169
　　　二、质量追溯 ······ 170
　　任务实施 ······ 171
　　　一、首检 ······ 171
　　　二、末道工序检验（FQC） ······ 178
任务四　巡检及数据分析 ······ 184
　　任务描述 ······ 184
　　相关知识 ······ 185
　　　一、样本 ······ 185
　　　二、抽样检验 ······ 185
　　任务实施 ······ 186
　　　一、定义巡检检查项 ······ 187
　　　二、对订单生产实施巡检 ······ 188
　　　三、查询质量统计数据 ······ 191
拓展知识 ······ 194
　　一、质量数据的描述性统计分析
　　　　方法 ······ 194
　　二、质量数据的图形统计分析
　　　　方法 ······ 196
　　三、统计过程控制 ······ 203

项目六　设备管理 ······ 207

知识目标 ······ 207
技能目标 ······ 207
项目背景 ······ 207
任务一　管理生产设备 ······ 207
　　任务描述 ······ 207
　　相关知识 ······ 208
　　　一、设备信息 ······ 208
　　　二、设备分类 ······ 208
　　　三、设备台账 ······ 209
　　　四、故障字典 ······ 211
　　任务实施 ······ 212
　　　一、认识ElcoDWS数字化车间
　　　　　设备 ······ 212
　　　二、定义生产设备类型 ······ 212
　　　三、添加生产设备 ······ 213
　　　四、定义故障字典 ······ 214
任务二　设备维护管理 ······ 215
　　任务描述 ······ 215
　　相关知识 ······ 215
　　　一、设备维护管理活动 ······ 215
　　　二、设备维护类型 ······ 216
　　　三、设备故障管理 ······ 217
　　　四、预防性维护管理 ······ 218
　　　五、设备运行监控 ······ 220
　　任务实施 ······ 222
　　　一、故障维修 ······ 222
　　　二、计划性维修管理 ······ 223
　　　三、设备运行统计 ······ 227
拓展知识 ······ 228
　　一、设备运行统计分析方法 ······ 228
　　二、设备维修智能化 ······ 231

参考文献 ······ 233

绪论
PROJECT 0

如今我们每个人都受益于互联网带来的便利——网上购物、社交、支付及娱乐等。可以说，中国互联网的应用普及率和服务先进性均处于世界前列，与我们的生活密不可分的互联网可通俗地称为"消费互联网"。但是，消费并非人类的所有活动，人类的另一半活动是生产，那么在生产侧（或者叫供给侧）是否也能利用互联网，让生产活动变得和消费活动一样便捷和高效呢？能，这就是"工业互联网"。

工业互联网通过构建连接机器、物料、人和信息系统的基础网络，实现工业数据的全面感知、动态传输、实时分析，形成科学决策与智能控制，提高制造资源配置效率。如果说消费互联网是通过信息共享将人与人联系在一起，那么工业互联网则是通过数据将生产要素连接在一起，这些要素主要是"人、机、料"等生产主体和对象，以及生产过程。那么，如何将生产要素融入工业互联网呢？首先需要将实体对象、生产活动和管理活动进行数字化，而实施制造执行系统（Manufacturing Execution System，MES）是最重要的数字化环节之一。

1990年，先进制造研究组织（Advanced Manufacturing Research，AMR）提出并开始使用MES的概念。MES是一个特定集合的总称，包括特定功能的集合以及实现这些特定功能的产品，其任务是将业务系统（Business System）的指令传达到生产现场，并将生产现场的信息及时收集、上传和处理。国际制造执行系统协会（Manufacturing Execution System Association International，MESA）将MES定义为：MES能通过信息的传递，对从订单下达开始到产品完成的整个产品生产过程进行优化管理，对工厂发生的实时事件及时做出相应的反应和报告，并用当前准确的数据进行相应的指导和处理。

从工业管控软件角度看，MES是纵向连接企业资源计划（ERP）和生产控制、横向连接原材料采购和销售服务、侧向连接技术研发和产品交付的核心软件，也是信息化和自动化结合的最典型应用之一。从应用软件角度看，MES与ERP在用途、业务模型和市场覆盖率三方面都具有相似性和关联性。ERP用于整个企业的资源和计划管理，而MES用于车间级的生产计划与控制管理；ERP和MES的业务模型都是"开发→咨询→实施→应用"；二者在制造领域的目标用户相同。MES目前的发展现状和十多年前ERP方兴未艾时期非常相似，可以预计，在我国智能制造和工业互联网国家战略实施过程中,需要大量 MES 开发、咨询、实施、操作、维护、销售和管理人员。

本书针对 MES 操作、维护和技术支持人才培养需求,参照现行国际标准《企业控制系统集成第 1-3 部分》(Enterprise-control System Integration,ISO/IEC 62264.1-3)中定义的制造运行管理活动模型,针对生产管理、物料管理、质量管理和设备管理四个范畴,介绍 MES 在生产资源管理、产品定义管理、计划制订、任务分派、任务执行、数据采集、过程跟踪以及绩效分析等主要生产活动中的应用(图 0-1)。

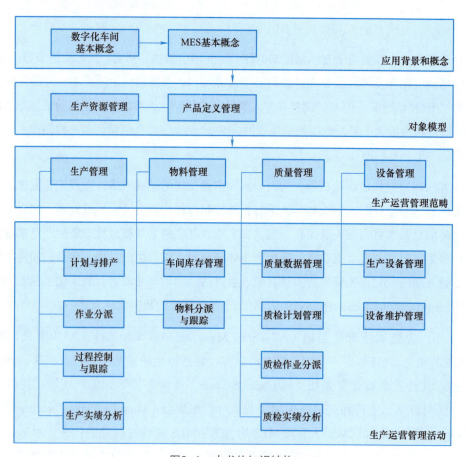

图 0-1　本书的知识结构

本书的内容编排采用项目牵引、任务驱动方式,以一个具体生产订单的执行过程为线索,展示 MES 在整个生产过程中的作用和使用方法,让学生通过见习或练习,系统性地理解 MES 的概念和作用,掌握 MES 的应用技能。上述生产订单的完成分成基础数据管理、生产管理、物料管理、质量管理和设备管理五个项目,每个项目包括 1~4 个任务。任务是本书的基本单元,每个任务既对应一项生产运行管理活动,也对应一个知识点;不仅要求学生理解任务实施过程或参与任务实施(针对有配套 MES 实训室的院校),还要对学生进行多种形式的任务执行考核(图 0-2)。

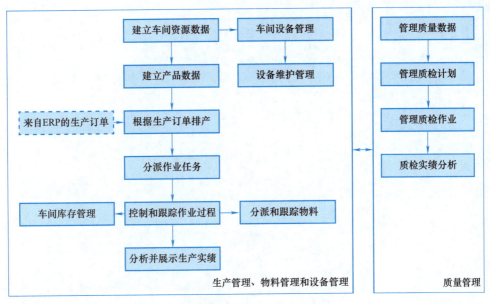

图0-2 任务执行流程

本书可以与如下两个实训系统配套使用:

1) ElcoDWS 实体产线实训系统。由一条实体教学产线和线边工位构成,可同时容纳20名左右学生实训。

2) ViMES 虚拟仿真实训系统(图0-3)。由多点触控互动屏、三维数据可视化屏和配套设备构成,能以交互式虚拟仿真形式模拟各类产线、数字化车间和其他制造场景,支持3D全景漫游,最多可供48名学生同时实训。

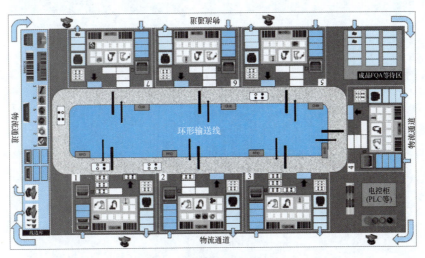

图0-3 ViMES 虚拟仿真实训系统

两个系统采用相同的 MES 软件。ElcoDWS 实体产线实训系统将在项目一中详细介绍,ViMES 虚拟仿真实训系统的详细介绍可登录机械工业出版社教育服务网(www.cmpedu.com)下载。

认知数字化车间和MES

知识目标

1. 了解数字化车间的组织结构、特征和运行管理流程。
2. 理解 MES 的功能结构和软件组成。

技能目标

1. 能够绘制数字化车间的组织结构和运行管理流程。
2. 能够描述数字化生产线及主要设备的功能和用途。
3. 能够描述 MES 的软件构成、功能结构、运行原理和主要用途。

项目背景

　　MES 一般部署在数字化车间,是数字化车间的日常生产管理系统。如果将数字化车间类比为企业财务部,那么 MES 相当于一套财务软件;如果把数字化车间类比为一个政府部门,那么 MES 相当于办公自动化(OA)系统。因此,要学习 MES,首先必须了解其主要应用场所——数字化车间。本项目的任务前半部分通过文字、图片、视频及实物等形式展示一个示教数字化车间,学生应了解数字化车间的空间分布、生产设备和信息系统等设备设施,还要了解数字化车间的组织结构、人员构成及运行管理流程。

　　MES 作为一类有近 30 年发展历史的工业管控软件,在理论、标准和应用方面已经相当成熟。随着智能制造和工业互联网的兴起,MES 被重新认识并被赋予了新的重要地位——工业管控软件的中心(图 1-1)。现行国际标准《企业控制系统集成》(ISO/IEC 62264)[1-3]对制造运行管理(Manufacturing Operations Management,MOM)系统进行了完备、系统的描述。总体来看,MES 可以视为针对 MOM 问题的一种具体实现方式,或是一种为解决某一类 MOM 问题而设计开发的软件产品实例。因为 MES 可以看作 MOM 的一个子集,因此,该标准被越来越多的 MES 开发和实施企业共同遵守,本书也以 ISO/IEC 62264 标准作为总体框架。本项目的任务后半部分对照 ISO/IEC 62264 关于制造运行管理系统的描述,通过文字、图片、视频和实物等形式展示了一个 MES 软件(ElcoMES)在示教数字化车间的部署情况,学生应初步了解 ElcoMES

的组成、功能、作用和使用流程。

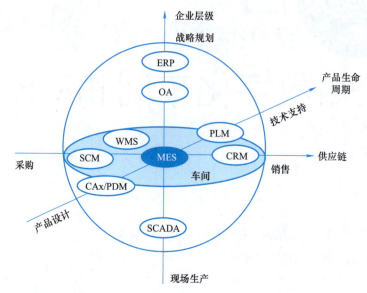

图1-1 工业管控软件在企业活动中的分布图

任务描述

本任务通过文字、图片、视频、实物等形式展示了数字化车间与 MES。如果有 MES 实训室，可以在示教数字化车间实际体验设备构成、运行管理流程、MES 软件部署和操作流程。如果没有 MES 实训室，在课堂上可通过文字、图片和视频形式认知数字化车间与 MES。为了达到更好的学习效果，建议组织学生参观实际数字化车间。

本任务完成后，学生应能够表述关于数字化车间和 MES 的如下知识：

1）车间的人员组织结构和主要生产运行管理活动。

2）数字化车间的概念，以及数字化车间与传统车间的主要区别。

3）为什么要将传统车间升级到数字化车间？

4）数字化车间的主要构成。

5）MES 的体系结构。

6）MES 的主要功能。

7）MES 的软件组成与部署方式。

8）如何通过 MES 来实现车间生产对象的数字化？

9）如何通过 MES 来实现车间生产过程的数字化？

相关知识

一、车间生产运行管理活动

1. 什么是离散型制造？

产品制造分成两种形式：离散型和流程型。可口可乐的生产属于流程型制造，其过程是按照固定配方，将糖、碳酸水和咖啡因等原料注入生产线，经过各种设备按照固定流程加工成饮料，再经过罐装或瓶装得到最终产品。整个过程基本上没有人工干预，是一个通过化学变化将原料变成产品的过程。自行车生产属于离散型制造，其过程是先生产车轮和车架，再将车轮、车架装配到一起，组装成自行车。整个过程分成加工和装配两个主要环节，是一个通过物理变化将原材料变成产品的过程，一般人工参与较多。在制造业中，离散型制造占多数，本书中的实例均针对离散型制造。

更准确地讲，离散型制造就是在合格的生产条件下，经过加工、装配、检验及包装等环节，将物料变成产品的过程（图1-2）。生产条件主要包括人、设备和场地，生产过程主要包括加工、装配、检验和包装，生产对象就是物料、半成品和产品。

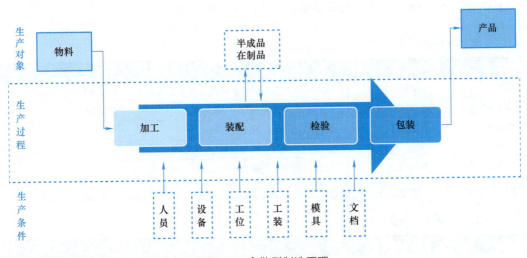

图1-2 离散型制造原理

流程型制造主要依赖配方和设备，在同样的配方条件下，设备利用率越高、运行越稳定，则产量越大，质量越好，成本越低，自然经营状态也越好。与此相反，在同等设备条件下，离散型制造企业经营的关键是生产运行管理，"管理出效益"这句话对离散型企业立竿见影。从这个意义上讲，MES对于离散型生产企业的作用更明显。

2. 离散型制造实例

图1-3所示为一个五彩棒（由不同颜色和材质的螺栓和螺母组成的物体）的生产工艺路线。本书将反复使用这个例子来讲解相关知识，在实训中也采用这个例子。

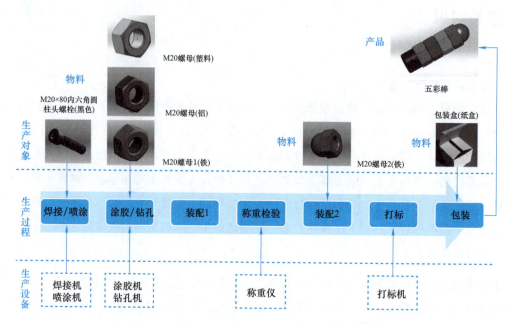

图1-3 离散型制造实例——五彩棒生产工艺路线

五彩棒生产中用到的物料和设备清单分别见表1-1和表1-2。

表1-1 五彩棒物料清单

物料编号	物料名称	物料说明
M1001	螺栓	M20×80 内六角圆柱头螺栓（公称直径20mm，长度80mm）
M1002	铝螺母	M20 铝螺母（公称直径20mm）
M1003	铁螺母1	M20 铁螺母（公称直径20mm）
M1004	塑料螺母	M20 塑料螺母（公称直径20mm）
M1005	铁螺母2	M20 铁螺母（公称直径20mm）
M1006	纸盒	产品包装盒

表1-2 五彩棒生产线设备清单

设备编号	设备类型	设备说明
E1001	焊接机	用于在物料的特定部位进行焊接
E1002	喷涂机	用于对物料表面进行喷涂
E1003	涂胶机	用于对物料的特定部位进行涂胶
E1004	钻孔机	用于在物料的特定位置进行钻孔
E1005	称重仪	用于对在制品进行称重检测
E1006	打标机	用于在产品的特定部位打标记

3. 生产企业的组织结构与部门分工

一个生产企业的主要业务部门包括市场营销中心、研发生产中心、供应链管理中心、技术保障中心和管理保障中心（图1-4），其中技术保障中心和管理保障中心为内部条件支撑部门。

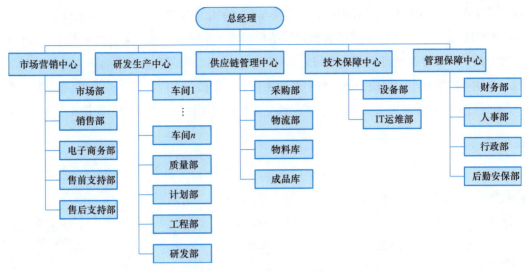

图1-4 生产企业组织结构图

生产企业各中心及下设部门的分工见表1-3。

表1-3 生产企业各中心及下设部门的分工

编号	部门	分工
1	市场营销中心	市场推广、业务与客户拓展、产品销售以及售前售后技术支持
2	研发生产中心	产品技术研发、产品生产工艺设计、生产计划制订、质量保证及生产
2.1	车间	按生产计划和质量要求,完成产品的生产、测试和包装,持续提升车间管理能力与水平
2.2	质量部	对物料、设备、半成品和成品进行质量检测,对生产过程进行质量符合性监控,持续提升质量管理能力与水平
2.3	计划部	制订生产计划、模具开发计划、设备配置计划、物料投放计划和人员分配计划,车间生产排产、跟踪、统计和分析计划执行情况
2.4	工程部	工艺设计、文档编写
2.5	研发部	新产品技术研发、已有产品升级研发
3	供应链管理中心	负责采购、仓储和物流,保障生产经营活动的正常进行
3.1	采购部	采购原材料、零部件和设备
3.2	物流部	供应链物流、生产物流和销售物流系统的建立与运行
3.3	物料库	物料入库、保管、盘点、出库和退库
3.4	成品库	成品入库、保管、盘点、出库和退库
4	技术保障中心	为生产经营活动提供设备和信息系统保障
4.1	设备部	设备保养和维护
4.2	IT运维部	IT系统建设和运维
5	管理保障中心	人事、财务、行政、后勤和安保管理

4. 生产车间人员组织结构与岗位职责

在研发生产中心,车间是主要生产活动的场所。生产车间的任务是,根据计划部制订的生产计划,在质量部的质量保证监督下,将研发部设计开发的产品,按照工程部设计的生产工艺,完成产品生产。MES是车间管控软件，是实现车间数字化的主要工具，以下重点介绍生产车间的运行管理活动。一个生产车间的典型组织结构如图1-5所示。每个岗位由个人或班组负责，除了作业岗位，其他岗位都需要和车间之外的部门打交道。不同企业采用的岗位名称不同，为了统一描述，本书将车间岗位分成九种：车间主任、生管员（生产管理员）、物管员（物料管理员）、质管员（质量管理员）、机管员、技术调控员、过程调控员、作业组长和作业工（表1-4）。

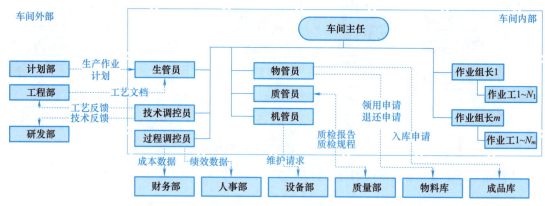

图1-5　生产车间的典型组织结构

表1-4　车间管理与生产人员的主要岗位职责

编号	岗位	相关外部部门	职责
1	车间主任	所有外部部门	车间"人、机、料、法、环"的全面管理
2	生管员	计划部、物料库、工程部、质量部和设备部	根据作业计划，定义、调整、检查和关闭产品生产过程，保证生产资源和作业计划的动态、高效匹配
3	过程调控员	质量部、财务部、人事部和技术支持部	根据生管员拟订的计划和规程，跟踪、检查、协调、控制和报告生产过程，保证生产过程按照计划和规程进行
4	技术调控员	研发部、工程部、质量部和技术支持部	根据产品技术文档和工艺清单，检查、协调、控制和报告生产中的技术执行过程，保证产品生产的技术符合性
5	物管员	物料库、成品库和质量部	根据物料需求计划和车间生产要求，领取、分发、跟踪和管理物料与工装，负责在制品跟踪管理和产品入库，保证生产对象与生产计划的动态、高效匹配
6	质管员	质量部、研发部和工程部	根据质检计划，对物料、产品和设备进行测试、检查和控制质量保证过程，保证生产对象、条件和过程符合质量要求
7	机管员	设备部、后勤安保部	根据设备维护计划和车间生产要求，管理、调配和维护设备，保证生产、检测和IT设备状态与生产计划的动态、高效匹配
8	作业组长	工程部、技术部	负责作业组的全面管理及与车间其他岗位的协调，保证生产任务按时、按质、按量完成
8.1	加工组作业工		按照生产指令完成加工作业并反馈执行结果

（续）

编号	岗位	相关外部部门	职责
8.2	装配组作业工		按照生产指令完成装配作业并反馈执行结果
8.3	包装组作业工		按照生产指令完成包装作业并反馈执行结果
8.4	模具组作业工		根据生产计划完成模具开发和制作并反馈执行结果，负责模具库管理

5. 生产车间的主要运行管理流程

生产车间的主要运行管理流程分别如图 1-6 和表 1-5 所示。车间运行活动从接到生产订单开始，直到产品入库结束。中间要经历排程排产、制订物料需求计划、作业分派、生产线准备、物料接收、生产线执行以及成品入库等过程，需要从工程部获取工艺资料，接受质量部的物料产品检验及质量标准检查，与设备部配合完成设备管理和维护工作，还需要和研发部共同解决生产技术问题等。归纳起来，生产车间的运行管理活动包括四个范畴：生产管理、物料管理、质量管理和设备管理。

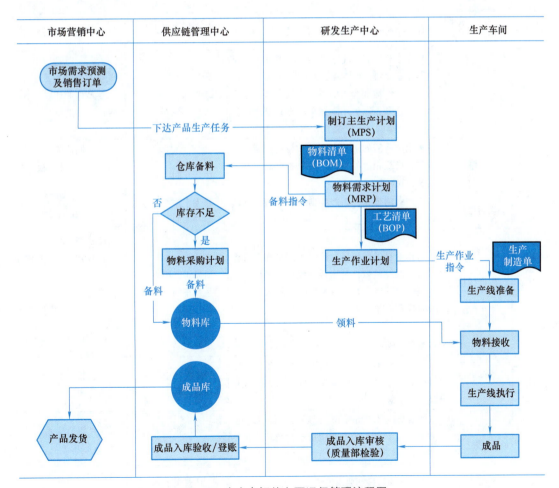

图 1-6　生产车间的主要运行管理流程图

表 1-5　生产车间的主要运行管理流程描述

序号	步骤	步骤说明	执行角色	相关表单/记录
1	市场需求预测及销售订单	基于已销售订单以及市场拓展需求预测，提出产品生产需求，并向研发生产中心下达产品生产任务	市场营销中心	《产品生产任务书》
2	制订主生产计划	根据生产任务，基于产能制订主生产计划（MPS），主生产计划的期限一般为季度或月度，它规定企业何时生产、生产多少最终产品，分别按产品的品种、型号和规格编制计划期内的产量任务	研发生产中心计划部	《主生产计划》
3	物料需求计划	基于产品物料清单（Bill of Materials，BOM）计算分析满足生产条件所需物料的品类、数量等，进行物料预算，制订物料需求计划（MRP），并通知库房备料	研发生产中心计划部 PMC 物管员 一般由 EPR 自动分析	《物料清单》《物料需求计划》
4	仓库备料	根据《物料清单》进行备料	供应链管理中心物料库	《备料申请》
5	物料采购计划	评估物料库存，若不足，执行物料采购	供应链管理中心物料库	《物料采购计划》
6	生产作业计划	根据主生产计划和工艺清单（BOP）制订生产作业计划，具体规定为各个车间、工段、班组、工作地和个人的以月、周、班以至小时计的计划，以生产制造单的形式把生产任务落实到车间、工段及班组	研发生产中心计划部 PMT 生管员	《工艺清单》《生产作业计划》《生产制造单》
7	生产线准备	将生产所需的工装、模具和材料按需求定位到生产线相应的位置，并熟悉产品生产工艺及验收标准	研发生产中心生产车间	《生产制造单》《工艺说明及验收标准》
8	物料接收	生产车间依据《生产制造单》领料，并核对样板、工艺、色卡等，做好生产准备	研发生产中心生产车间	《生产制造单》
9	生产线执行	对作业员进行指导，确保生产平衡，对质量进行跟踪监控，对物料的使用、消耗进行控制，跟踪生产数据，审核生产报表、计件计时报表和物料报表	研发生产中心生产车间	《生产管理制度》《操作规程/作业指导书》《工艺说明》《生产日报及各类生产统计》
10	成品	生产完成	生产车间	
11	成品入库审核	质管员对半成品、成品质量进行监督管控并验收，依据质管员验收的成品入库报告开具入库单据	研发生产中心质量部	《检验报告》《入库申请单》
12	成品入库验收/登账	物管员核对产品的单号、款号、包装工艺表、质量确认（QA）的批次验货资料及其他相关资料	供应链管理中心成品库	《生产制造单》《QA 报告》
13	产品发货	办理出库，按照要求发货	市场营销中心	《出库单》《发货单》

二、从传统车间到数字化车间

1. 为什么要升级改造传统车间？

在传统车间中，主要生产要素是"人、机、料"，即由人以手工方式或控制机器将物料变成产品。在相同的设备条件下，人的知识、技能和经验起主导作用，生产效率主要取决于车间管理者的能力和执行者的效率，对于离散型制造行业更是如此。具体来讲，传统车间有如下明显的基本问题：

1）信息记录与交换手段落后。采用纸质作业指导书（工单）、工艺资料和领料单等载体来记录任务、签字、名称及数量等信息，有信息不完整、难以检索、容易出错等明显缺陷，无法形成完整的信息流，更谈不上信息集成。

2）生产不可见。即使在实施了 ERP 系统的生产企业中，生产车间也有"盲区"。由于无法获取实时生产数据，管理层、采购部门、销售部门等均无法知道物料是否缺少、设备是否运转正常、产品生产到哪一步、人员是否空闲以及质量是否合格等信息。

3）产品质量问题难以追溯。产品质量问题常常是在用户使用时被发现的，由于没有生产过程数据，很难追溯导致问题的原因：是人员操作失误，物料质量不合格，还是设备运行异常？这些都只能靠经验来判断，因此导致同样的质量问题反复出现。

4）生产计划与控制方法粗糙。车间生产计划制订包括排产（先后顺序）和排程（精确时间点）两个步骤，这对于混线生产和定制化生产非常重要，是提高车间生产效率最关键的步骤之一。在传统车间中,排产和排程的好坏基本上取决于生管员的经验,无法精确。在作业任务被分派后，由于没有执行数据反馈，对生产异常情况处理、订单变更和绩效分析等都难以有效应对，计划和控制无法形成闭环。

显然，在传统车间中要实现精益管理很困难，更谈不上智能化。解决途径是先实现数字化，再逐步实现网络化和智能化，渐进式提高生产管理水平。

2. 数字化车间的特征

和传统车间相比，数据化车间的显著特征是:在"人、机、料"之外多了数字虚体（计算机、网络、软件、模型、报表和图形等的组合）。三体智能制造理论[4]有助于理解数字化车间。

在传统车间中只存在二体：意识人体和物理实体。意识人体是车间管理和生产人员，以及这些人的知识、技能、经验和智慧等构成的意识与行为，物理实体是设备、物料、产品、工装、工位和场地等对象以及它们形成的生产能力。车间活动就是人体用意识和行为操作或操纵实体来完成生产任务，人的脑力和体力就是生产条件的组成部分，也就是说，人体和实体同样处于生产回路中（图 1-7）。

显然，按照上述生产方式，人需要劳心劳力，而且效率低下。于是，人们就想，如果机器、物料等实体具有人的智能，就可以将人类从繁重的体力或脑力劳动中解放出来，而且生产效率、产品质量等都会极大提升。计算机尤其是软件技术的发展提供了这种可能性。虽然无法将人脑嫁接在物理实体（如机器）上，但可以建立与物理实体对应的数字虚体（软件、模型、数据等），将人的知识、技能、经验和智慧植入数字虚体中，用数字虚体代替大部分脑力，指挥物理实体完成"体力"工作，这个过程就是智能制造（图1-8）。

图1-7　人体和实体构成的生产回路　　　　图1-8　三体智能制造模型

仿照上述智能制造的定义，可以通俗地定义：数字化车间 = 传统车间 + 车间数字虚体。

那么，什么是车间数字虚体呢？它是传统车间中的实体和行为在数字空间的映射。实体映射包括"人、机、料"的数字化表现，表达形式有图片、表格、视频、虚拟现实（VR）、数据类以及XML文件等。行为映射是根据采集的生产过程数据（如机器起停时间、收料数量和时间以及工人操作节拍）推演得到的生产过程动态场景。如果数据足够多，就可以想象数字化车间是虚、实两个版本的镜像车间，这也被称作"数字孪生"（Digital Twins）。西门子公司在北京数字化体验中心展示了两条镜像生产线：虚拟车间是一排计算机屏幕，每个屏幕上展示一个软件（如产品设计、工程设计、生产仿真）；实体车间是一条真实的产线，两条产线的生产对象和生产过程一模一样（图1-9）。

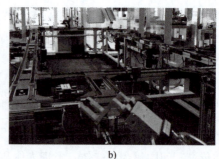

a)　　　　　　　　　　　　　　　　　　b)

图1-9　西门子"数字孪生"生产线
a）数字虚体生产线　b）物理实体生产线

3. 数字化车间的构成

总体来说，数字化车间的数字虚体由两个层次构成（图1-10）：生产控制层和现场执行层。

1）生产控制层：一般由 MES 软件实现，支持车间生产计划和控制高层管理活动。包括排产、排程、任务分派、计划跟踪与调整、生产绩效分析、物料管理、设备管理和质量管理等。

2）现场执行层：一般由 SCADA 等数据采集和处理系统实现设备数据采集和人工操作数据采集。设备数据通过接口自动获取，人工操作数据采集需要通过手工输入或借助条码、二维码、射频识别（RFID）等自动识别装置进行采集。设备数据包括设备状态、起停时间、参数和执行结果等，人工操作数据包括人员、操作时间和操作类型等。除了数据采集，现场执行层还要完成生产控制层发出的设备和人员控制指令。

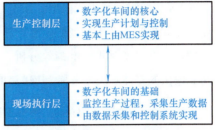

图1-10 数字化车间架构

为了支撑上述功能，数字化车间要部署相应的自动化设备、工业网络、IT 设施和软件（图1-11）。

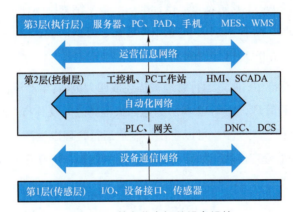

图1-11 数字化车间的设备设施

1）第 1 层：传感层，包括传感器、数字化设备接口及 I/O 等，实现车间现场层的数据采集和操作指令接收功能。本层数据主要通过设备通信网络传送。本层的数据特征是数字信号。

2）第 2 层：控制层。下半层包括 PLC、工业物联网网关等设备，用于汇聚传感层数据及形成操作指令，通过设备通信网络传送数据；上半层包括工控机、PC 工作站等设备及 HMI、SCADA 等软件系统，形成业务数据，通过运营信息网络与执行层进行通信，通过自动化网络和 PLC、网关等设备与传感层通信。本层的数据特征是指令和状态。

3）第 3 层：执行层。包括服务器、PC、PAD、手机等 IT 设备设施及 MES、WMS 等管理软件，实现车间生产控制层的功能。本层的数据特征是业务描述。

三、MES的功能结构

MES 在 1990 年由 AMR 组织提出并使用，是将制造业管理系统（如 MRPⅡ、ERP、SCM 等）和控制系统（如 DCS、SCADA、PLC 等）集成在一起的中间层，是位于管理层与控制层之间的执行系统。根据标准化、功能组件化和模块化的原则，MESA 组织于 1997 年提出了著名的 MES 功能组件和集成模型。该模型主要包括 11 个功能模块：①生产资源分配与监控；②作业计划和排产；③工艺规格标准管理；④数据采集；⑤作业员工管理；⑥产品质量管理；⑦过程管理；⑧设备维护；⑨绩效分析；⑩生产单元调度；⑪产品跟踪。AMR 组织把遵照这 11 个功能模块的整体解决方案称为 MES II（Manufacturing Execution Solution）。

MES 是一个庞大的系统，在实施过程中难度大，成本高，成功率低，没有成熟的基本理论支持。主要表现在：没有统一的管控系统集成技术术语、信息对象模型、活动模型和信息流的基本使用方法，用户、设备供应商、系统集成商三者间的需求交流困难，不同的硬件、软件系统集成困难，集成后的维护困难。针对这些问题，还需要在 MESA 功能模型即 MES II 的基础上，研究和开发相应的 MES 应用技术标准，用于描述和标准化这类软件系统[5]。

1997 年，美国仪表学会（Instrument Society of America，ISA）启动编制 ISA-95 标准——企业控制系统集成，于 2000 年开始发布。该标准后来被采纳为国际标准（ISO/IEC 62264），在我国被采纳为 GB/T 20720 标准。ISO/IEC 62264 定义了公认的 MES 标准基本框架，国际上主流的 MES 产品基本上遵循 ISO/IEC 62264 标准[1-3]。

在 ISO/IEC 62264 标准中，制造运行管理被描述成四大范畴：生产运行管理、库存运行管理、质量运行管理和维护运行管理。图 1-12 所示为这四大范畴之间及其与车间外部的交互全景，构成了整个工厂的制造运行管理模型。可以看出，制造运行管理以生产运行管理为主线展开，其他三个范畴以及车间外的管理模块（如订单处理、成本核算、研究开发等）都是为生产运行管理提供支持的。

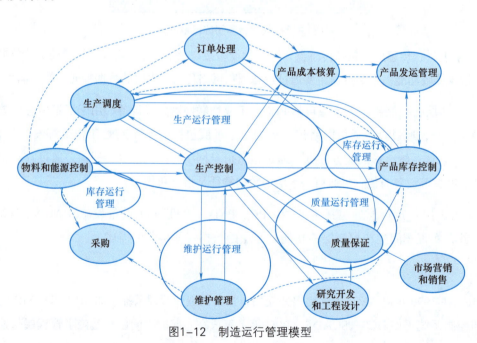

图1-12　制造运行管理模型

针对生产运行管理的八大活动是：生产资源管理、产品定义管理、详细生产调度、生产分派、生产执行管理、生产数据采集、生产绩效分析和生产跟踪（图 1-13）。

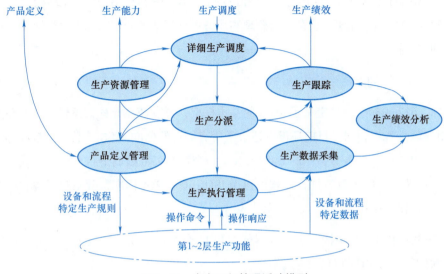

图 1-13　生产运行管理活动模型

1）生产资源管理：提供关于制造系统资源的一切信息，包括人员、物料、设备和过程段；向业务管理系统（如 ERP）报告当前有哪些资源可用。

2）产品定义管理：从 ERP 获取产品定义信息，及关于如何生产一个产品的信息。管理与新产品相关的活动，包括一系列定义好的产品段。

3）详细生产调度：根据业务系统下达的生产订单，基于人员、设备、物料和当前生产任务的状况，完成排产（生产顺序）和排程（生产时间），回答用什么、做什么的问题。

4）生产分派：将生产作业计划分解成作业任务后派发给人员或设备，启动产品生产过程，并控制工作量。

5）生产执行管理：保证分派的作业任务得以完成。对于全自动化设备，由生产控制系统（PCS）执行；对于人工或半自动生产过程，需要通过扫码、视觉监测等方式确认任务完成。本模块还要负责生产过程的可视化。

6）生产数据采集：从 PCS 采集传感器读数、设备状态、事件等数据；通过键盘、触摸屏、扫码枪等方式采集人工输入、操作工动作等数据。

7）生产绩效分析：用产品分析、生产分析、过程分析等手段对数据进行分析，确认生产过程完成并不断优化生产过程。

8）生产跟踪：跟踪生产过程，包括物料移动、过程段的启停时间等，归纳如下信息：①人员、设备和物料；②成本和绩效分析结果；③产品谱系；向业务系统报告做了什么和生产了什么。

在本书采用的 MES 实例——ElcoMES 中，实现了生产运行管理范畴的大部分功能，以及库存运行管理、质量运行管理和设备运行管理范畴的主要功能。从项目二开始，以一个生产订单为例，介绍 ElcoMES 的主要功能。为了和市场上主要 MES 产品使用的术语一致，在本书中，生产运行管理、库存运行管理、质量运行管理和设备运行管理本分别简称为生产管理、物料管理、质量管理和设备管理。

四、MES软件的组成

ISO/IEC 62264 标准只是定义了 MES 的基本框架，开发商在此框架下根据行业和产品特征开发的 MES 软件各不相同。目前还没有适合于所有场合的标准 MES 产品，甚至没有针对一个行业的标准 MES 产品。本书参照的 ElcoMES 是一个针对离散型制造行业中站立式车间（以人工工位为主的车间）的示教软件，该软件遵循 ISO/IEC 62264 标准，其系统架构和功能适用于大部分中小型离散型制造企业。

ElcoMES 采用 B-C/S 架构，由服务器软件和 11 个客户端软件构成（表 1-6）。项目二～六将对每个软件组件的功能进行详细介绍。

表 1-6　ElcoMES 的软件组成

范畴	软件组件	软件类型	使用者
生产管理	生产管理	Web 页面	车间主任、生管员等
	工位生产	Android App	操作工
	工位告警接收处理器（软安灯）(Andon)	Android App	生管员
	维修终端	Web 页面	维修操作工
	FQA 终端	Web 页面	质管员
物料管理	库存管理	Web 页面	物管员
	线边库发料	Android App	物管员
	线边库收料	Android App	物管员
质量管理	首件检验与巡检	Android App	质管员
	物料异常处理终端	Android App	质管员
设备管理	设备管理	Web 页面	机管员

五、MES在实现车间数字化中的应用

实现车间数字化就是构建车间的数字虚体，即将车间的生产要素和生产过程用数字形式（软件和数据）表现。车间数字化主要通过 MES 来实现。表 1-7 描述了车间数字化的核心内容及对应的 MES 应用。

表 1-7　车间数字化的核心内容及对应的 MES 应用

车间数字化内容	MES 组件	数字化对象
生产资源数字化	基础数据管理	人员、设备和物料三种基本生产资源 由三种基本生产资源构成的过程段 辅助生产资源：刀具、量具、模具和运送载体等 生产资源的能力和使用绩效
生产过程数字化	生产管理	在制品（WIP）跟踪（工位/工序/部件） 生产报工与节拍 型号和订单的完工情况 各工位关重件安装匹配查验 各工位/各关重件实作工时 安灯内容信息采集与发布 现场视频采集与近景分析 现场环境（光/温/湿/尘/气）
物料管理数字化	物料管理	仓库出入库、库存和缺料跟踪 线边物料的消耗与配送 配送执行状态跟踪及监控 叉车、自动导引车（AGV）、堆垛机等物流设备运行情况
质量管理数字化	质量管理	质检现场数据、质检设施数据 质量统计分析报表及异常报告 现场质量事故位置与性质分析
设备管理数字化	设备管理	设备购置、领用、返还和报废 设备运行状态和运行参数 设备维护过程

任务实施

由教师讲解 ElcoDWS 示教数字化车间和 ElcoMES 软件的如下内容：

1）ElcoDWS 示教数字化车间的总体布局。

2）ElcoDWS 示教数字化车间各工位的组成及任务。

3）ElcoDWS 示教数字化车间的整体生产流程。

4）ElcoDWS 示教数字化车间生产的产品工艺路线。

5）ElcoMES 的构成及每个客户端的主要功能。

一、认知ElcoDWS示教数字化车间

1. ElcoDWS示教数字化车间总体布局

ElcoDWS 示教数字化车间有一个环形产线（图 1-14）和五个线边工位（图 1-15）。

2. ElcoDWS数字化车间工位介绍

（1）线上工位的设备配置　环形产线中的七个工位中都包括滑道、气缸、挡停装置、物料盒放置架及按钮盒（包括急停、起动和复位三个按钮），并配备 PAD、RFID 读写器和扫码枪三种数字设备（图 1-16）。

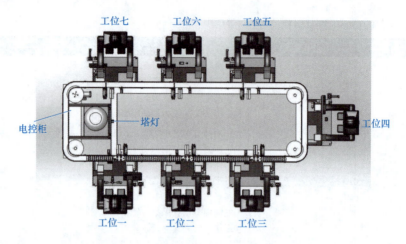

图1-14　ElcoDWS示教数字化车间的环形产线

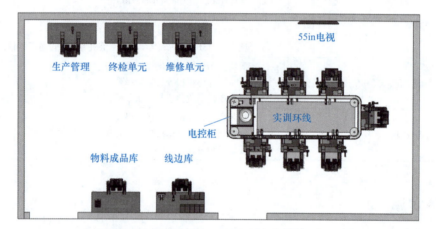

图1-15　ElcoDWS示教数字化车间总体布局

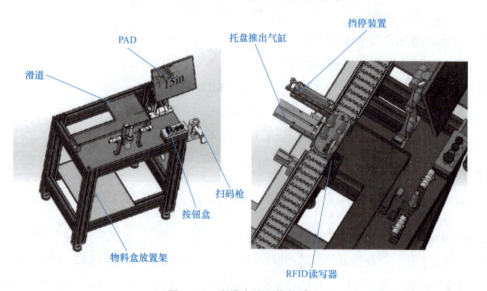

图1-16　产线中的工位构成

在制品通过一个特殊设计的托盘（图1-17）在自动滑道上传递。托盘上有一维码、RFID载码体和检测到位金属块。托盘进入工位时由 RFID 读写器自动识别，根据 MES 发出的指令控制托盘停止或通过。

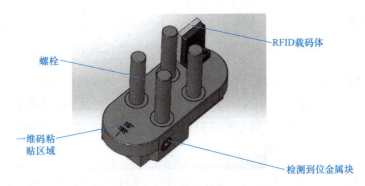

图1-17　产线托盘

（2）加工工位1（焊接/喷涂）　加工工位1包含电控工位一套，配置了模拟焊接设备和模拟喷涂设备，可以对物料进行模拟焊接或模拟喷涂加工。

操作工将物料放置在指定的位置上，按下启动按钮，系统会根据当前正在加工的产品的要求，自动选择启动焊接设备或喷涂设备。

（3）加工工位2（钻孔/涂胶）　加工工位2包含电控工位一套，配置了模拟钻孔设备和模拟涂胶设备，可以对物料进行模拟钻孔或模拟涂胶加工。

操作工将物料放置在指定的位置上，按下启动按钮，系统会根据当前正在加工的产品的要求，自动选择启动钻孔设备或涂胶设备。

（4）装配工位1　装配工位1包含电控工位一套，此工位上没有配置任何生产设备，只用于手工装配操作。

（5）过程检验工位　过程检验工位包含电控工位一套，配置了称重设备，可以对在制品进行称重检验。

操作工将在制品放置在指定的位置上，按下启动按钮，系统会自动测量在制品的重量，将测量值和标准值都显示在工位 PAD 上，并显示是否合格。

（6）装配工位2　装配工位2包含电控工位一套，此工位上没有配置任何生产设备，只用于手工装配操作。

（7）打标工位　打标工位包含电控工位一套，配置了模拟打标设备，可以对物料进行模拟打标加工。

操作工将物料放置在指定的位置上，按下启动按钮，系统会启动打标设备。

（8）包装工位　包装工位包含电控工位一套，此工位上没有配置任何生产设备，只用于手工装配操作。

（9）线边工位

1）生产管理工位：包含 PC 一台。本工位承担所有的生产管理工作，包括生产计划制订、排程、任务下达、生产跟踪与控制、查询与统计以及绩效管理等。

2）物料成品库工位：包含 PC 一台、扫码枪一个、立体库机构一套和分料盒一套。本工位包括物料库库位与成品库库位。库中存放螺栓、螺母原料，以及加工完成后的成品。生产订单下发后，由人工从本库取出相应数量的原料，放入料盒，推送至线边库工位。本工位中的 PC 用来使用 MES 中的库存管理功能。

3）线边库工位：包含手持 PAD 一台、扫码枪一个和分料盒一套。生产订单下发后，由原料库将原料运送至生产线边库。线边库库管员使用手持 PAD 上的线边库收发物料 App 进行物料的收发操作，然后再将螺栓、螺母用分料盒配送至相应的工位。

4）维修工位：包含 PC 一台和扫码枪一个。在环形线工位上发现的异常在制品都被转至维修工位进行维修操作，修好后再将其返还到环形线中。

5）终检工位：包含 PC 一台和扫码枪一个。成品加工和装配完毕后，由包装工位操作工手动将产品转至本站，进行产品质量确认。终检完成后，在 PC 机上生成成品入库单，将产品送至成品库库位进行入库操作。

（10）电控柜　电控柜设置在环形产线的一端，位于生产线的下部（图 1-18），一般由教师操作。

图 1-18　电控柜

电控柜包含电源控制、PLC 和总线 I/O 等常用的自动化控制模块,提供生产线的启动、暂停、复位和报警等控制功能。

3. ElcoDWS数字化车间的生产流程

ElcoDWS 数字化车间按照如下流程进行生产(图 1-19):

1)制订生产计划(生成物料需求)。

2)库房备料和发料(生成带条码的物料包)。

3)线边库收料和发料(物料与带条码的托盘绑定)。

4)工位接收物料和在制品(扫托盘条码接收物料或在制品)。

5)工位进行生产和在制品输出(在制品与带条码的托盘绑定)。

6)产品终检(FQA)(生成成品入库单)。

7)成品入库(生成成品库存)。

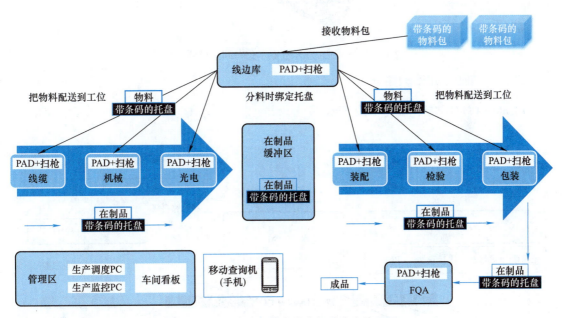

图 1-19 ElcoDWS数字化车间的生产流程图

4. ElcoDWS数字化车间的产品工艺路线

以五彩棒为例,其生产工艺路线如图 1-3 所示,其中的物料如图 1-20 所示,产品如图 1-21 所示,即用 1 根螺栓、4 种不同颜色/材质的螺母组成的产品。通过不同颜色和不同材质螺母的组合可以体现定制化生产。

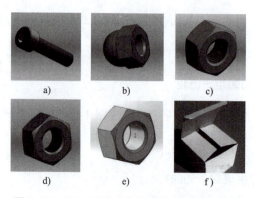

图1-20 ElcoDWS示教数字化车间所用物料

a) M20×80内六角圆柱头螺栓（黑色） b) M20 螺母（铁） c) M20 螺母（铁）
d) M20 螺母（铝） e) M20 螺母（塑料） f) 包装盒（纸盒）

图1-21 ElcoDWS示教数字化车间生成的产品

二、认知ElcoMES软件

ElcoMES 软件部署图如图 1-22 所示。

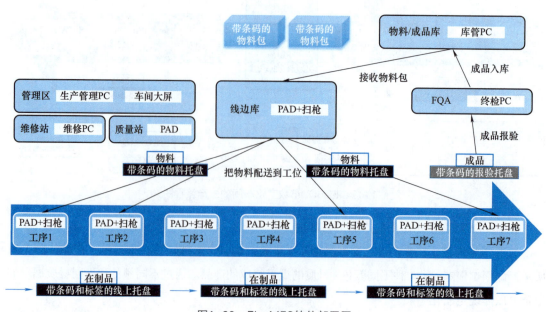

图1-22 ElcoMES软件部署图

ElcoMES 软件包含两类：服务器端和客户端。服务器端程序部署在一台服务器上，其中包括数据库系统、应用服务器软件和 MES 服务端软件。系统提供了两种形式的客户端程序，包括 Web 页面和安卓 App，每种形式的客户端又分为不同用途的客户端，具体介绍如下。

1.生产管理客户端与车间大屏

生产管理客户端与车间大屏位于车间的管理区。生产管理客户端是 Web 页面形式的，用计算机上的浏览器访问。该客户端软件提供了所有生产管理功能，包括基础数据管理、生产计划制订、生产排程、生产任务下达、生产跟踪与控制、生产信息查询与统计以及生产绩效管理等。车间大屏用于实时显示车间的各种生产数据，便于管理人员及时了解生产运行情况。

2.工位生产客户端

工位生产客户端位于环形产线的每个工位上，以安卓 App 形式提供，用工位 PAD 访问。工位生产客户端用于接收工位生产任务，采集工位生产数据。

3.库存管理客户端

库存管理客户端位于物料成品库工位，以 Web 页面形式提供，通过计算机上的浏览器访问。库存管理客户端包含的功能有：物料库位管理、物料的出库入库管理、成品库库位管理和成品出库入库管理。

4.线边库收发料客户端

线边库收发料客户端位于车间的线边库工位，以安卓 App 形式提供，用手持 PAD 访问。主要功能是接收库房发来的物料包，按照工序物料需求，将物料精准配送到生产工位上。

5.维修客户端

维修客户端位于车间的维修工位，以 Web 页面形式提供，用计算机上的浏览器访问。维修客户端用于处理从环形产线上的工位转来的维修任务。

6.终检（FQA）客户端

终检客户端位于车间的 FQA 检验区，以 Web 页面形式提供，用计算机上的浏览器访问。FQA 客户端接收最后一道工序传来的产品信息，如果检验不合格，则退回工序；如果检验合格，则生成成品入库单。

7.质量客户端

质量客户端位于车间的质量站，以安卓 App 形式提供，用手持 PAD 访问。质量客户端用于处理物料异常、首件检验与巡检。

拓展知识

一、工业4.0参考架构模型

工业4.0是德国在2013年汉诺威工业博览会上正式提出的概念，描述了一个新的工业发展阶段。工业1.0以蒸汽机为标志，工业2.0以电力使用为标志，工业3.0以信息化为特征，工业4.0则是以智能化为特征。相关文献[6]对工业4.0参考架构做了简明扼要的介绍。

1. 数字工厂概念模型

工业4.0的概念源自数字工厂。国际电工委员会（International Electtotechnical Commission，IEC）对数字工厂的定义是：数字工厂是数字模型、方法和工具的综合网络（包括仿真和3D虚拟现实可视化），通过连续的没有中断的数据管理集成在一起。它是以产品全生命周期的相关数据为基础，在计算机虚拟环境中，对整个生产过程进行仿真、评估和优化，并进一步扩展到整个产品生命周期的新型生产组织方式，是现代数字制造技术与计算机仿真技术相结合的产物。简单地讲，数字工厂就是实体工厂在数字空间的映射。

数字工厂的概念模型如图1-23所示。数字工厂分为如下三个层次：

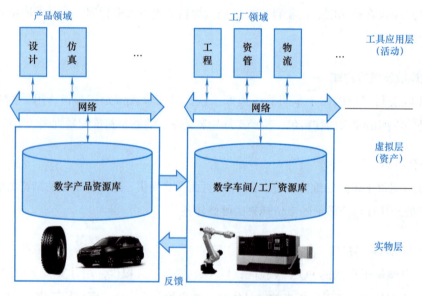

图1-23 数字工厂的概念模型

1）实物层：包括生产资源和产品两部分。生产资源是指工厂的设备、传感器和控制器等实物，即用于制造产品的装备；产品是指工厂的产出物，如洗衣机、汽车和包装食品等。

2）虚拟层：包括工厂资源库和数字产品资源库两部分，即实物层的生产资源和产品的数字化表现，与数字孪生（Digital Twins）的概念类似。例如，设备的功能和参数可以用数据结构来描述，产品可以用三维模型表达。工厂资源库和数字产品资源库两者之间是相互关联的，前者根据后者的需求来建立，后者要根据前者的能力来决定类型和数量。工厂资源和数字产品资源库与本章"相关知识"中"MES 的功能结构"一节中介绍的生产资源管理和产品定义管理活动相对应。

3）工具应用层：用来实现从实物层到虚拟层的软件工具。软件工具按照产品生命周期可分为设计、仿真、工厂工程应用、资产管理以及物流等。

2. 工业4.0的概念

工业 4.0 是工业发展的最新阶段。此阶段的目标是，建立一个高度灵活的个性化和数字化生产与服务模式。工业 4.0 的核心内容可以归纳为：①一套系统，即信息物理系统（Cyber-Physical System，CPS）；②两大主题，即智能工厂和智能产品；③三大集成，即横向集成、纵向集成和端到端集成。其中，三大集成是工业 4.0 的核心特征，指明了实现工业 4.0 的技术方向。

（1）企业内部网络化制造系统的纵向集成　将各种不同层面的自动化与 IT 系统集成在一起，强调生产信息流的集成，包括订单、生产调度、程序代码、工作指令、工艺和控制参数等信息的下行传递，以及生产现场的工况、设备状态、测量参数等信息的上行传递。

（2）通过价值链及网络实现企业间的横向集成　将各种不同制造阶段的 IT 系统集成在一起，强调产品的价值流（增值过程）集成，既包括一个公司内部的材料、能源和信息的配置，也包括不同公司间的配置（形成价值网络）。

（3）全生命周期管理及端到端系统工程　通过集成 CAD/CAM/CAPP、PLM、ERP、SCM、CRM 和 MES 等软件和系统，实现产品设计、生产、物流、销售和服务全生命周期的数字化与智能化。

3. 工业4.0参考架构模型

2015 年 3 月，德国电工电子与信息技术标准化委员会（DKE）发布了工业 4.0 参考架构模型（Reference Architecture Model Industrie 4.0，RAMI 4.0）。RAMI 4.0 用一个三维模型展示了工业 4.0 涉及的所有关键要素（图 1-24），将全生命周期及价值链与分层结构相结合，为描述和实现工业 4.0 提供了最大的灵活性。

（1）活动层次　类似于计算机网络的 OSI 七层模型，各层实现相对独立的功能，同时下层为上层提供接口，上层使用下层的服务。从下到上各层代表的主要功能如下：

1）资产层 + 集成层：物理实体（生产资源和产品）的数字化表现。

2）通信层：实现标准化的通信协议，以及数据、文件的传输。

3）信息层：包含相关的数据。

4）功能层：形式化定义必要的功能。

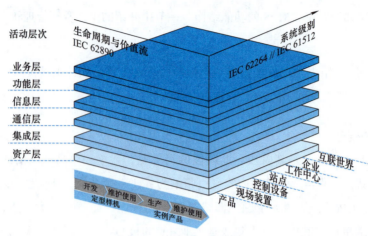

图1-24 RAMI 4.0

5)业务层：映射相关的业务流程。

(2) 生命周期与价值流　将数字化环境下的产品生产过程分成定型样机（开发）和实例产品（生产）两个阶段，描述产品全生命周期的数字化与智能化实现要素。

(3) 系统级别　描述工业 4.0 不同生产环境下的功能分类，与 ISO/IEC 62264 规定的层次基本一致。更进一步，由于工业 4.0 不仅关注生产产品的工厂、车间和机器，还关注产品本身以及工厂外部的跨企业协同关系，因此在底层增加了"产品"层，在工厂顶层增加了"互联世界"层。

二、中国智能制造系统架构

2015 年，我国提出大力发展智能制造，目标是从工业大国发展为工业强国。我国智能制造系统架构是在德国工业 4.0 参考架构模型（RAMI 4.0）基础上提出的。《国家智能制造标准体系建设指南（2018 年版）》提出了图 1-25 所示的智能制造系统架构。

此架构从生命周期、系统层级和智能特征三个维度对智能制造涉及的活动、装备和特征等内容进行描述。

1. 生命周期

生命周期是指从产品原型研发开始到产品回收再制造的各个阶段，包括设计、生产、物流、销售和服务等一系列相互联系的价值创造活动。生命周期的各项活动可进行迭代

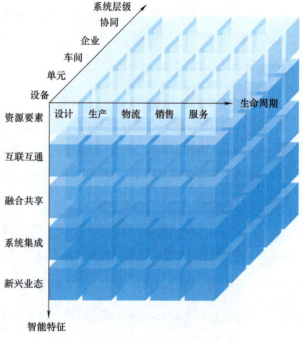

图1-25　中国智能制造系统架构

优化，具有可持续性发展等特点，不同行业的生命周期构成不尽相同。

1）设计是指企业根据所有约束条件以及所选择的技术来对需求进行构造、仿真、验证和优化等研发活动的过程。

2）生产是指通过劳动创造所需要的物质资料的过程。

3）物流是指物品从供应地向接收地的实体流动过程。

4）销售是指产品或商品等从企业转移到客户手中的经营活动。

5）服务是指提供者与客户接触过程中所产生的一系列活动的过程及结果，包括回收等。

2. 系统层级

系统层级是指与企业生产活动相关的组织结构的层级划分，包括设备层、单元层、车间层、企业层和协同层。

1）设备层是指企业利用传感器、仪器仪表、机器和装置等实现实际物理流程并感知和操控物理流程的层级。

2）单元层是指用于工厂内处理信息、实现监测和控制物理流程的层级。

3）车间层是实现面向工厂或车间的生产管理的层级。

4）企业层是实现面向企业经营管理的层级。

5）协同层是企业实现其内部和外部信息互联和共享过程的层级。

3. 智能特征

智能特征是指基于新一代信息通信技术使制造活动具有自感知、自学习、自决策、自执行和自适应等一个或多个功能的层级划分，包括资源要素、互联互通、融合共享、系统集成和新兴业态五层智能化要求。

1）资源要素是指企业对生产时所需要使用的资源或工具进行数字化过程的层级。

2）互联互通是指通过有线、无线等通信技术，实现装备之间、装备与控制系统之间、企业之间相互连接功能的层级。

3）融合共享是指在互联互通的基础上，利用云计算、大数据等新一代信息通信技术，在保障信息安全的前提下，实现信息协同共享的层级。

4）系统集成是指企业实现智能装备到智能生产单元、智能生产线、数字化车间、智能工厂，乃至智能制造系统集成过程的层级。

5）新兴业态是企业为形成新型产业形态进行企业间价值链整合的层级。

智能制造的关键是实现贯穿企业设备层、单元层、车间层、企业层、协同层不同层面的纵向集成，跨资源要素、互联互通、融合共享、系统集成和新兴业态不同级别的横向集成，以及覆盖设计、生产、物流、销售和服务的端到端集成。

三、工业互联网平台参考架构

2017年，我国提出发展工业互联网，按照网络、平台和安全三个体系开展工业互联网建设、推广和应用，并成立了工业互联网产业联盟（AII）。工业互联网产业联盟发布了《工业互联网平台白皮书（2017）》[8]，提出了图1-26所示的工业互联网平台参考架构。

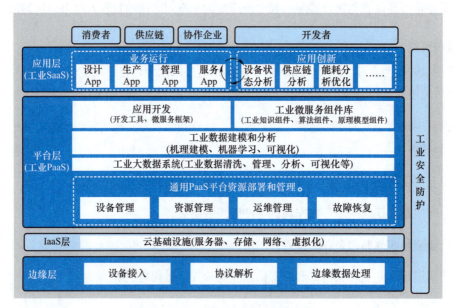

图1-26 工业互联网平台参考架构

工业互联网平台是面向制造业数字化、网络化和智能化需求，构建基于海量数据采集、汇聚和分析的服务体系，支撑制造资源泛在连接、弹性供给和高效配置的工业云平台，包括边缘层、平台层（工业 PaaS）和应用层（工业 SaaS）三大核心层级。

第一层是边缘层，通过大范围、深层次的数据采集，以及异构数据的协议转换与边缘处理，构建工业互联网平台的数据基础。一是通过各类通信手段接入不同设备、系统和产品，采集海量数据；二是依托协议转换技术实现多源异构数据的归一化和边缘集成；三是利用边缘计算设备实现底层数据的汇聚处理，并实现数据向云端平台的集成。

第二层是平台层，基于通用 PaaS 叠加大数据处理、工业数据分析、工业微服务等创新功能，构建可扩展的开放式云操作系统。一是提供工业数据管理能力，将数据科学与工业机理结合，帮助制造企业构建工业数据分析能力，实现数据价值挖掘；二是把技术、知识和经验等资源固化为可移植、可复用的工业微服务组件库，供开发者调用；三是构建应用开发环境，借助微服务组件和工业应用开发工具，帮助用户快速构建定制化的工业 App。

第三层是应用层，形成满足不同行业、不同场景的工业 SaaS 和工业 App，形成工业互联网平台的最终价值。一是提供了设计、生产、管理和服务等一系列创新性业务应用。二是构建了良好的工业 App 创新环境，使开发者基于平台数据及微服务功能实现应用创新。

除此之外，工业互联网平台还包括 IaaS 基础设施，以及涵盖整个工业系统的安全管理体系，这些构成了工业互联网平台的基础支撑和重要保障。

四、如何适应工业互联网背景下的工作岗位？

发展工业互联网已经成为国家战略，成为实体经济数字化转型的重要支撑。2020 年，工业互联网被列入"新基建"；2021 年，工业互联网被列入"十四五"规划中的数字经济重点产业。工业互联网已经从缺技术、缺市场走向缺人才，为此，人力资源和社会保障部在 2021 年增加了"工业互联网工程技术人员"和"智能制造工程技术人员"两个新职业。

正如今天人们的消费活动大部分离不开消费互联网一样，明天的生产活动也都将在工业互联网大环境下进行，包括设计、生产、流通及服务等。我国 350 万家工业企业和 92 万家 IT 企业将逐步接入工业互联网，一亿多从业人员将在工业互联网环境下工作，大部分是职业院校的毕业生。

工业互联网的发展会产生一些新的岗位，但更多的是对现有岗位提出新要求。越来越多的（直到所有）岗位都要求用到工业互联网提供或规定的新技术、新方法和新管理流程。也就是说，将来制造业的所有岗位都多少会发生改变，今天的大学生将来会在工业互联网环境下利用所学技能进行工作，因此，必须了解工业互联网基础知识，认知工业互联网环境下的工作方式，逐渐认可工业互联网与消费互联网的同等地位，不断掌握与所学专业紧密相关的工业互联网使用技能。

项目二 PROJECT 2

基础数据管理

知识目标

1. 理解生产资源的种类及每种生产资源的定义与属性。
2. 理解产品定义的要素及每种要素的属性。
3. 理解产品定义与生产能力之间的匹配关系。

技能目标

1. 学会利用 MES 建立、修改和检索生产资源数据。
2. 学会利用 MES 建立、修改和检索产品定义数据。

项目背景

产品定义与生产能力的匹配是生产启动的条件。产品定义描述的是如何生产一件产品以及需要什么条件,而生产能力由当前可用的生产资源决定。所以,为了实现数字化,首先需要对生产资源和产品定义进行描述。

当业务系统(ERP 等)接收销售订单后,会根据产品型号、工艺、数量和交货期等要求形成产品定义,并传递给 MES 的产品定义管理组件,供其后的生产管理活动使用;然后,业务系统问 MES 的生产资源管理组件,车间当前有什么样的生产能力?如果产品定义和生产能力匹配,则可以开始生产。为了描述生产资源和产品定义,在 ISO/IEC 62264 系列标准中定义了各种数据模型,在 MES 中用软件实现这些模型。

在任务一中,要求实际建立、维护和检索 ElcoDWS 中的各种生产资源数据,包括人员、设备、物料和工位等;在任务二中,要求根据一个实际生产订单,建立和维护产品定义数据,并建立生产资源与产品定义数据之间的关联。

任务一　生产资源管理

任务描述

通过学习相关知识，了解 MES 数据模型中的车间生产资源数据以及相关的基本概念，明确数据之间的依赖关系，从而掌握 MES 的车间生产资源数据初始化建立方法。

结合一个模拟企业的车间生产案例，实际体验使用 MES 中的相关管理功能，完成以下车间生产资源数据（表 2-1）初始化的全部过程，为 MES 在车间生产执行中发挥作用做好准备。

表 2-1　车间生产资源数据

序号	数据	说明
1	人员	参与车间生产的人员
2	设备	用于车间生产的生产设备
3	工位	生产车间内的一个生产空间单元
4	终端	与 MES 交互的终端设备（包括工位 PAD 和线边库 PAD）
5	物料	用于生产产品的物料
6	工位生产能力	工位上配置了具有某种生产技能的人员和具有某种特性的设备，就形成了工位生产能力
7	工序	产品的一个生产加工步骤
8	工序工位规则	逻辑工序与物理工位的对应关系
9	生产工艺流程	由若干工序组成的产品生产加工过程，也称为工艺路线
10	生产线体	用于生产某种产品的物理产线
11	托盘	用于承载物料和在制品的托盘

相关知识

一、生产资源管理

生产资源主要是人员、设备、物料和过程段，过程段是人员、设备和物料的组合（参见本项目"拓展知识"）。在生产运营管理活动中，首先要回答的问题是：数字化车间有哪些资源？有哪些资源现在可用？哪些资源将来可用？这些数据必须从车间获取，形成生产能力信息，MES 将生产能力信息发送给业务系统（一般是 ERP）。业务系统可以根据此信息将生产订单派发到合适的车间，也可以及时安排物料采购、设备更新等活动。这个过程就是生产资源管理（图 2-1）。

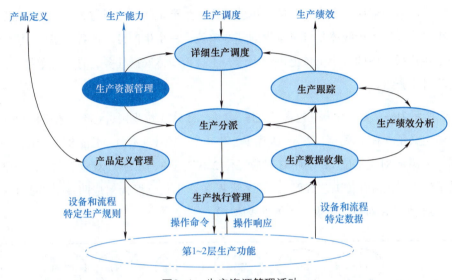

图 2-1 生产资源管理活动

在五彩棒生产车间中，人员、物料和设备组合成多个工位，可以将工位理解成生产资源的集合。下面介绍五彩棒车间生产资源的相关知识。

二、工位与工序

工位是一个物理概念，是位于生产车间内的一个生产空间单元。一个工位上通常要配备一些生产设备，并且这种配置是相对固定的，特别是一些大型设备，很少搬离相应的工位。一个工位上通常也会配置相对固定的生产人员，这些生产人员大都具备一些生产技能。一个工位与生产设备和生产人员的这种相对固定的搭配关系构成了该工位的生产能力。在一个车间里，每个工位都具备一定的生产能力，因此在 MES 的数据初始化过程中，工位生产能力的定义是必需的。

工序是一个逻辑概念，是产品的一个生产加工步骤。在一个生产车间里，一个生产加工步骤可以规定只允许在一个工位上进行，也可以规定允许在若干工位中的任意一个工位上进行。因此，一个工序可以对应一个工位，也可以对应多个工位。在 MES 的数据初始化过程中，要定义工序与工位的对应关系。

三、生产工艺流程与生产线体

生产工艺流程是一个逻辑概念，是生产一个产品要经过的所有加工步骤，以及这些加工步骤的顺序关系。生产工艺流程通常被画成一张工序顺序图，也就是生产工艺流程图。一个产品对应一个生产工艺流程。

生产线体是一个物理概念，是用于生产某种产品的物理产线，包含了参与一个产品生产的所有工位。生产线体是按照生产工艺流程设置的，其中的每个工位对应生产工艺流程中的一个工序。一个产品可以对应多个生产线体，也就是说，生产车间可以通过为某个产品设置多条物理产线来提高产能。生产线体是订单排程的基本单位，一个生产订单的各个工序生产任务会被排在同一个生产线体中的各个工位上进行生产，不会跨线体安排任务，有关订单排程的内容会在后面的项目中介绍。

图 2-2 所示为一个数据示例，包含了工序、工位、工序工位规则、生产工艺流程和生产线体。数据示例中定义了 6 种工序（工序 A~工序 F）和 8 个工位（工位 1~工位 8），定义了 3 条工序工位规则（工序 A 对应工位 1，工序 B 对应工位 2 和工位 3，工序 C 对应工位 4），为两个产品分别定义了生产工艺流程（工艺流程 A、工艺流程 B），工艺流程 A 对应两条生产线体（线体 1、线体 2），工艺流程 B 对应一条生产线体（线体 3）。

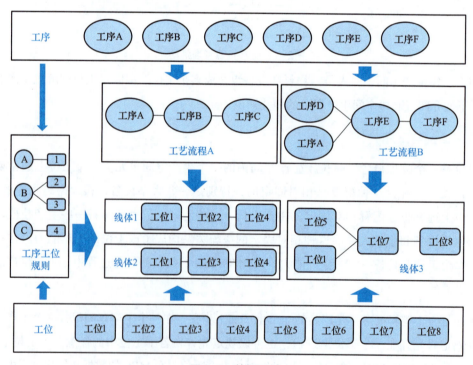

图 2-2 数据示例

任务实施

本任务的实施工具：MES 生产管理客户端（Web 页面）。

MES 的基础数据初始化分为三个步骤，本任务将实施前两个步骤，第三步将在任务二中实施。第一步初始化如下数据（初始化顺序如图 2-3 所示）：

1）人员。

2）设备。

3）工位。

4）终端。

5）物料。

6）工位生产能力。

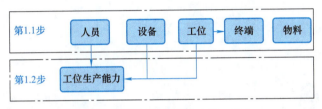

图2-3 数据初始化顺序（第一步）

第二步初始化如下数据（初始化顺序如图 2-4 所示）：

1）工序。

2）工序工位规则。

3）生产工艺流程。

4）生产线体。

5）托盘。

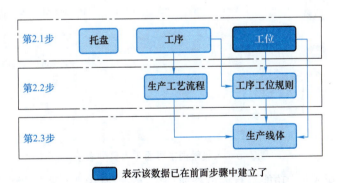

图2-4 数据初始化顺序（第二步）

下面按顺序对数据初始化第一步和第二步中的总共 11 项生产资源数据的初始化步骤和方法进行详细介绍。

一、人员

人员数据的初始化通过 MES 中的人员管理功能实现。人员管理主界面如图 2-5 所示（已经添加了6个生产人员）。在此界面中，可以按照姓名搜索列表中的数据，可以对已存在的人员信息进行编辑（单击"编辑"按钮后，系统会弹出编辑窗口，其中"工号"和"姓名"这两个数据项是不能修改的），也可以删除已存在的人员（单击"删除"按钮后，系统会弹出提示对话框，让用户确认删除操作）。

图2-5　人员管理主界面（人员列表）

可使用"添加新人员"功能进行人员添加（图2-6）。其中"工号""姓名""登录密码""授权码"四项是必填项：工号是人员的唯一标识，不允许两个人有相同的工号，工号作为登录MES的用户名使用；姓名不是人员的唯一标识，允许两个人有相同的姓名；登录密码是用于登录MES的密码；授权码是MES中某些特殊操作的数字通行证，每个人的数字通行证必须是唯一的，不允许两个人有相同的授权码，授权码的使用场景将在项目三的任务二中介绍。

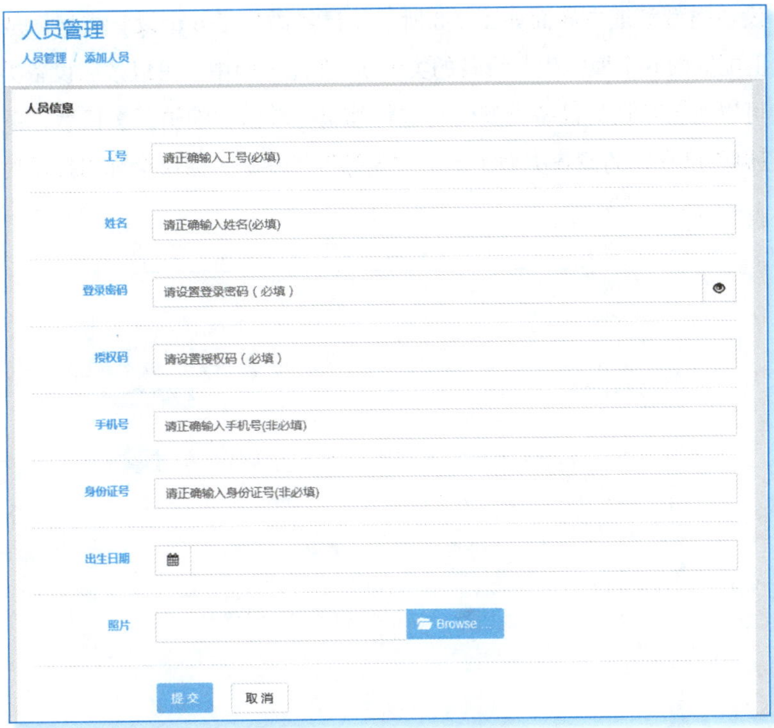

图2-6　添加新人员

可使用“Excel 导出”功能把人员信息导出到一个 Excel 文件中（图 2-7）。导出的文件中包含“姓名”“工号”和“人员条码”，条码可打印在车间人员的工牌上，用于扫码登录系统。

姓名	工号	人员条码
吴宇	102	
刘婷婷	106	
李健	104	
李诗语	105	
魏休	103	
温元	101	

图2-7　人员导出文件（Excel格式）

二、设备

设备数据的初始化通过 MES 中的设备管理功能实现。在定义设备数据之前，要先定义设备类型数据,设备类型管理主界面如图2-8所示(已经添加了6个设备类型,是示教数字化车间的环形产线上配置的6个模拟生产设备的类型)。在此界面中,可以按照设备类型名称搜索列表中的数据,可以对已存在的设备类型信息进行编辑(单击"编辑"按钮后,系统会弹出编辑窗口),也可以删除已存在的设备类型(单击"删除"按钮后,系统会弹出提示对话框,让用户确认删除操作)。

图2-8 设备类型管理主界面(设备类型列表)

可使用"添加设备类型"功能进行设备类型添加(图2-9)。

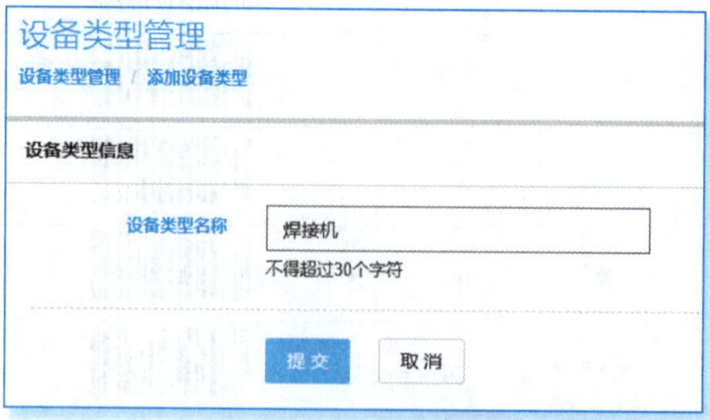

图2-9 添加设备类型

设备管理主界面如图2-10所示(已经添加了6台设备,是示教数字化车间的环形产线上配置的6个模拟生产设备)。在此界面中,可以按照设备名称搜索列表中的数据,可以对已存在的设备信息进行编辑（单击"编辑"按钮后，系统会弹出编辑窗口），也可以删除已存在的设备（单击"删除"按钮后，系统会弹出提示对话框，让用户确认删除操作）。"设置维护计划"和"申请设备维修"功能不在本任务中使用，这两项功能将在项目六的任务二中介绍。

图2-10 设备管理主界面（设备列表）

可使用"添加新设备"功能进行设备添加（图2-11）。其中"设备编号"是设备的唯一标识，不允许两个设备有相同的设备编号；"PLC 通信设备标识"是在 MES 与环形产线控制层的 PLC 通信数据中对生产设备设置的标识码；"设备类型"是必填项，从定义好的设备类型中选择一项；"采购日期"和"设备说明"都是非必填项。

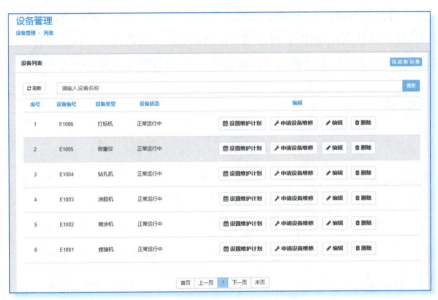

图2-11 添加新设备

三、工位

工位数据的初始化通过 MES 中的工位管理功能实现。工位管理主界面如图 2-12 所示在此界面中,可以按照工位名称搜索列表中的数据,可以对已存在的工位信息进行编辑(单击"编辑"按钮后,系统会弹出编辑窗口),也可以删除已存在的工位(单击"删除"按钮后,系统会弹出提示对话框,让用户确认删除操作)。可使用"停用该工位"功能将工位状态置为"已停用"(红色叉),或使用"启用该工位"功能将工位状态置为"已启用"(绿色对钩)。

图2-12 工位管理主界面(工位列表)

可使用"添加新工位"功能进行工位添加(图 2-13)。其中"名称"是必填项,且不能重名。工位的类型有两种:工作工位和线边库工位,工作工位也称为生产工位。新添加的工位的默认状态为"已启用"(绿色对钩)。

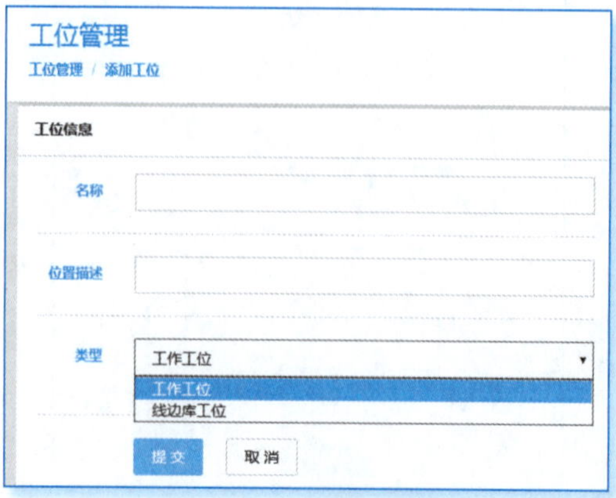

图2-13 添加新工位

四、终端

终端数据的初始化通过 MES 中的终端管理（也称为 PAD 管理）功能实现。终端管理主界面如图 2-14 所示（已经添加了 8 个终端，其中有 7 个环形产线上的工位 PAD 和 1 个线下的线边库 PAD）。在此界面中，可以输入 IP 或 MAC 地址搜索列表中的数据，可以对已存在的终端信息进行"编辑"（单击"编辑"按钮后，系统会弹出编辑窗口），也可以删除已存在的终端（单击"删除"按钮后，系统会弹出提示对话框，让用户确认删除操作）。

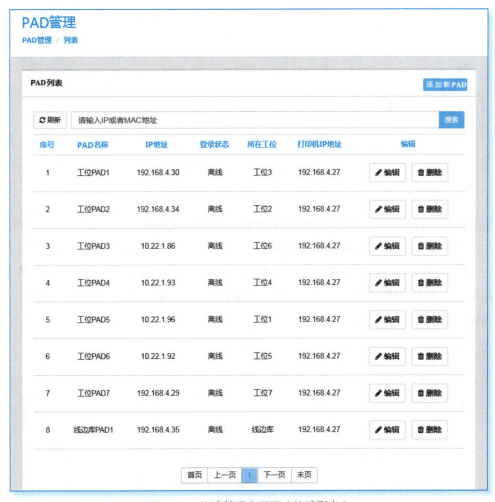

图 2-14　终端管理主界面（终端列表）

可使用"添加新 PAD"功能添加 PAD 终端（图 2-15）。填写或选择的信息包括"名称""IP 地址""MAC 地址""打印 IP 地址""工位（选择工位）"。所有项都必须填写（或选择），其中"名称""MAC 地址"不能重复，必须唯一。实际上，"MAC 地址"是加入 MES 中的 PAD 的唯一标识，PAD 的 IP 地址可以设置成静态的，也可以设置成动态获取的，每次工位 App 启动时，系统都会将 PAD 的当前 IP 地址写入终端数据中。一个工位可以配置多个 PAD 终端。

图2-15 添加PAD终端

五、物料

物料数据的初始化通过MES中的物料管理功能实现。物料管理主界面如图2-16所示（已经添加了5种物料，这些物料就是示教数字化车间将要生产的五彩棒产品用到的物料）。在此界面中，可以按照名称或编号搜索列表中的数据，可以对已存在的物料信息进行编辑（单击"编辑"按钮后，系统会弹出编辑窗口），也可以删除已存在的物料（单击"删除"按钮后，系统会弹出提示对话框，让用户确认删除操作）。

图2-16 物料管理主界面（物料列表）

可使用"添加新物料"功能进行物料添加（图2-17）。其中"名称""编号"两项是必填项，编号必须是唯一的，两种物料不能有相同的编号。物料的计量单位可以是只、个、件，也可以是捆、盒、箱；物料的计量单位可以根据需要换算成其他计量单位（换算单位），例如，1捆线缆可以换算成100米（换算比例）或200米（换算比例），换算比例由物料的实际规格来决定。物料的种类分为主料和辅料，主料一般是构成产品生产成本的主要材料，在生产过程中，主料会按照实际生产订单的需求数量配送到生产线上；辅料一般是在生产过程中起到辅助作用的材料，辅料的配送一般不严格按照生产订单的需求数量进行，通常采取定期配送的方式，辅料在生产车间会有一定的存量，能够满足车间在一段时间内的生产需求。在一些管理精细化程度很高的企业，辅料也与主料采取相同的管理方式。在本任务中我们只需添加主料，不用添加辅料。

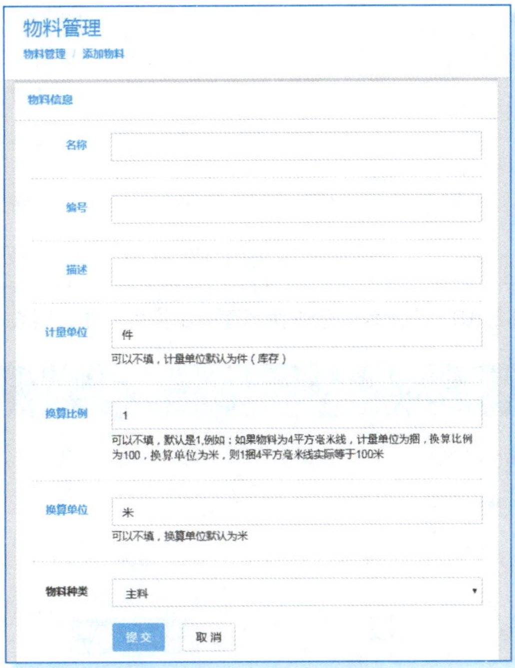

图2-17 添加新物料

六、工位生产能力

工位生产能力数据的初始化通过MES中的生产能力管理功能实现。生产能力管理主界面如图2-18所示，"工位列表"实际就是工位生产能力列表，如果在"工位管理"中添加一个新的工位，则在这里就可以看到新添加的工位；在图2-18中可以看到8个工位，并且有4个工位已经按照示教数字化车间环形产线的实际情况设置了相应的生产设备：工位1上设置了焊接机和喷涂机，工位2上设置了涂胶机和钻孔机，工位4上设置了称重仪，工位6上设置了打标机。在此界面中，可以按照工位名称搜索列表中的数据，可以通过"设置人员"功能给工位设置人员，系统弹出"人员列表"供选择（图2-19）；可以通过"设置设备"功能给工位设置设备，系统弹出"设备列表"供选择（图2-20）。

图2-18 生产能力管理主界面(工位生产能力列表)

图2-19 给工位设置人员

图2-20 给工位设置设备

七、工序

工序数据的初始化通过 MES 中的工序管理功能实现。工序管理主界面如图 2-21 所示（已经添加了 7 个工序）。在此界面中，可以按照工序名称搜索列表中的数据，可以对已存在的工序信息进行编辑（单击"编辑工序"按钮后，系统会弹出编辑窗口），也可以删除已存在的工序（单击"删除"按钮后，系统会弹出提示对话框，让用户确认删除操作）。

图2-21 工序管理主界面（工序列表）

可使用"添加新工序"功能进行工序添加（图2-22）。

图2-22　添加新工序

需要填写的信息包括"工序名称""照片"，以及如下6个控制该工序的生产规则开关项：

（1）允许进行标签打印（是/否）　此开关项与工位生产活动中的功能有关，关于工位生产活动的知识，请阅读本书项目三中的内容。

如果选择"是"，则该工序生产客户端的工位任务处理界面上出现"标签打印"按钮；如果选择"否"，则该工序生产客户端的工位任务处理界面上不出现"标签打印"按钮。

此功能用于在工位上按照生产订单的产品要求打印产品标签。产品标签分为内标签和外标签，内标签粘贴在产品的某个位置上，外标签粘贴在产品外包装盒上。例如，可以在某个装配工序上设置标签打印功能（用于打印产品内标签），打印和粘贴内标签就作为装配工序中的一个工步；另外，可以在包装工序上设置标签打印功能（用于打印外标签），打印和粘贴外标签就作为包装工序中的一个工步。

如果在示教数字化车间中没有设置标签打印实验内容，则可将所有工序的本开关项设置为"否"；否则，在安排标签打印的工序上将本开关项设置为"是"。

（2）首件输出限制（是/否）　此开关项与质量管理活动中的首件检验活动有关，关于首件检验的概念和相关质量管理活动的知识，请阅读本书项目五中的内容。

如果选择"是"，且该工序要做订单首件检验，则首件在制品输出时，工位生产客户端的工位任务处理界面上会弹出提示信息，提示操作工等待质检人员对该首件在制品进行质量检查，检查通过后才可以向下一道工序输出首件在制品。

如果选择"否"，且该工序要做订单首件检验，则首件在制品的输出不受质检人员的控制，不需要检查，生产完成后可以直接向下一道工序输出首件在制品。

在本课程实训中，请根据实验内容的实际需要设置本开关项。

（3）输出进行打印（是/否）　此开关项与工位生产活动中的在制品输出功能有关，关于工位生产活动的知识，请阅读本书项目三中的内容。

如果选择"是"，则该工序输出在制品时，系统打印一张纸质单据，系统不捆绑输出托盘；纸质单据上有在制品所属生产订单的详细信息，单据上也打印了一个条码，下一道工序可以进行扫码接收；纸质单据随在制品一起传给下一道工序。如果选择"否"，则该工序输出在制品时，系统绑定输出托盘，不打印纸质单据。

在实际示教数字化车间时采用无纸化的生产方式，不打印纸质单据，在制品输出时绑定托盘，所以应将本开关项设置为"否"。

（4）工位输出对物料进行检查（是/否）　此开关项与工位生产活动中的在制品输出功能有关，关于工位生产活动的知识，请阅读本书项目三中的内容。

如果选择"是"，则系统根据收到的物料数量和收到的前置工序的在制品数量计算本工序可输出的在制品数量。如果选择"否"，则系统只根据收到的前置工序的在制品数量计算本工序可输出的在制品数量，也就是说，在本工序上即使没有执行接收物料操作（在工位生产客户端的屏幕上，物料的已收数量为零），本工序也可以输出在制品（但是前置工序的在制品一定要接收进来，前置工序的在制品已收数量不能为零）。

在本课程实训中，要求每道工序必须先执行接收物料和在制品操作，才能进行生产并向下一道工序输出在制品，所以，这里应将本开关项设置为"是"。

（5）分料自动下发任务（是/否）　此开关项与订单排程和工位任务分派有关，关于排程与工位任务分派的知识，请阅读本书项目三中的内容。

如果选择"是"，则该工序的物料一旦由线边库完成了发料操作，相应的工位任务就自动下达到该工位，不用再手动下达工位任务；如果选择"否"，则线边库发料操作与工位任务下达操作之间不存在联动关系，发料操作不会自动触发工位任务下达。

在本课程实训中，请根据实验内容的实际需要设置本开关项。

（6）没有物料和前置工序自动下发任务（是/否） 此开关项与订单排程和工位任务分派有关，关于排程与工位任务分派的知识，请阅读本书项目三中的内容。

如果选择"是"，且该工序没有物料和前置工序，则在排程操作完成后，该工序对应工位的任务被自动下达到工位，不用再手动下达工位任务；如果选择"否"，且该工序没有物料和前置工序，则排程操作不会自动触发工位任务下达。

在本课程实训中，应根据实验内容的实际需要设置本开关项。

八、工序工位规则

工序工位规则数据的初始化通过 MES 中的工序工位管理功能实现。工序工位管理主界面如图 2-23 所示，如果在"工序管理"中添加一个新的工序，在这里就可以看到新添加的工序。在图 2-23 中可以看到 7 个工序，并且给每个工序都配置了相应的工位。如果新加了一个工序，则"配置工位名称"项为空，可通过"工位规则"功能给新加的工序配置工位，系统弹出工位列表供选择（图 2-24），一个工序可以配置多个工位。

图2-23 工序工位管理主界面（工序规则列表）

图2-24 给工序选择工位

九、生产工艺流程

生产工艺流程数据的初始化通过 MES 中的工艺路线管理功能实现。工艺路线管理主界面如图 2-25 所示（已经添加了 7 个工艺路线）。对于已存在的工艺路线，可通过"查看适配型号清单"查看该工艺路线用于生产哪些型号的产品（图 2-26）。给某个型号产品指定生产工艺流程的方法将在任务二"产品定义管理"中介绍。

图2-25 工艺路线管理主界面（工艺路线图列表）

图2-26 查看适配型号

对于已存在的工艺路线,可使用"工艺路线图编辑"功能编辑工艺路线图(图2-27)。这是一个工艺路线图编辑器,左侧是可用的工序(共7个工序),右侧是图形编辑区,在这个工艺路线图中,7个工序都被用到了。单击图中工序之间带方向的连线,在图形编辑区的下方会显示前后工序之间的生产规则(图2-28)。生产规则包括两项:一项是前后工序输出在制品数量的比例关系,即后序生产一个在制品需要前序提供几个在制品;另一项是前后工序在时间上的衔接关系(静置要求),即前序输出了在制品后,后序是可以立即生产,还是需要等待一段时间后才能开始生产。图2-28中的规则是:工序5每生产一个在制品需要工序4输出1个在制品,静置要求是0小时。

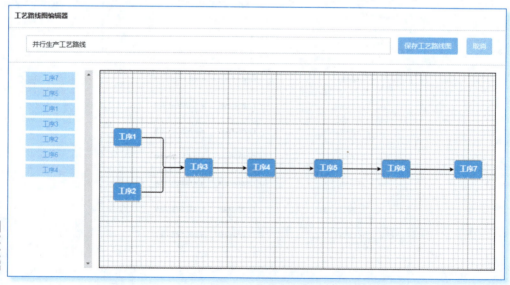

图2-27 工艺路线图编辑

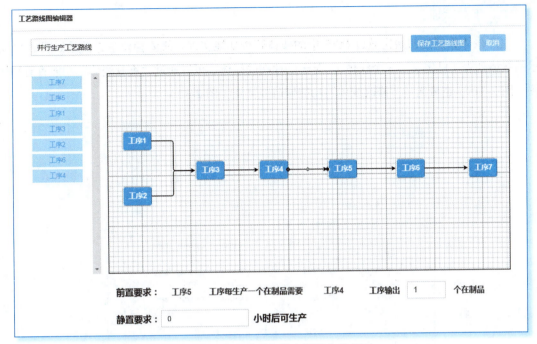

图2-28 定义前后工序之间的生产规则

可使用图2-25中的"新建工艺路线图"功能添加工艺路线图（图2-29），该界面与编辑工艺路线图的界面相同。可以单击左侧的工序，将工序添加到右侧的编辑区域，然后再给工序之间添加带方向的连线。工艺路线图编辑完成后，给工艺路线图命名，然后单击"保存工艺路线图"按钮。

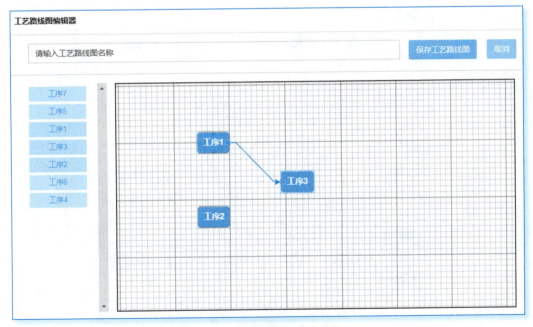

图2-29 添加新工艺路线图

十、生产线体

生产线体数据的初始化通过 MES 中的线体管理功能实现。线体管理主界面是如图 2-30 所示的线体列表（已定义了 3 个线体）。对于已存在的线体，可以通过"查看线体"功能查看线体图（图 2-31），也可通过"修改线体"功能修改线体图（图 2-32）。

图 2-30　线体管理主界面（工艺线体列表）

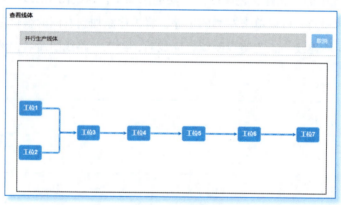

图 2-31　查看线体

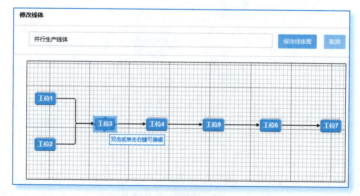

图 2-32　修改线体

可使用"添加新线体"功能新增线体,系统会首先弹出对话框,让用户选择新线体对应的工艺图(图2-33),选中一个工艺图后,系统会打开线体编辑器(图2-34),编辑器中显示的是工艺图,在这里,工艺流程是不能修改的。接下来要做的是给图中的每个工序设置对应的工位,单击图中的工序,系统会弹出对话框,让用户选择工位(图2-35),其中可选的工位列表是依据工序工位规则的定义筛选出来的。当每个工序都被指定了对应的工位以后,新线体就定义完成了(图2-36),单击"保存线体图"完成新线体的添加。

图2-33 选择生产工艺流程

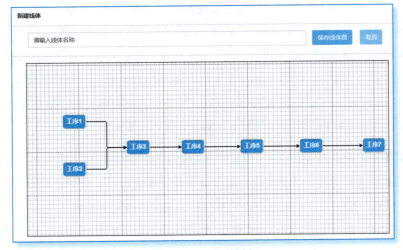

图2-34 线体编辑器

图2-35　给工序设置工位

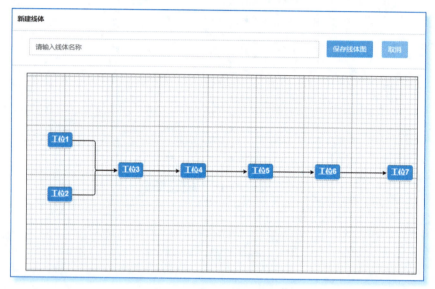

图2-36　新线体定义完成

十一、托盘

在示教数字化车间中，托盘是一种可重复使用的物流容器。当托盘被占用时，托盘编码与托盘承载的内容进行了绑定，托盘被解绑后，又变成一个可用的空闲托盘。MES 管理两类托盘：一类是"输出"托盘（托盘编号以"SC"开头），另一类是"报验"托盘（托盘编号以"BY"开头）。线边库分配物料使用"输出"托盘（物料盒上贴有 SC 编号的条码），工位间传递在制品也使用"输出"托盘（线上托盘上贴有 SC 编号的条码）；生产工艺流程中最后一道工序在向 FQA 申请产成品报验时，绑定"报验"托盘（托盘上贴有 BY 编号的条码）。

托盘数据的初始化通过 MES 中的托盘管理功能实现。托盘管理主界面如图 2-37 所示，托盘列表中已定义了很多托盘。可按照托盘编号搜索列表中的数据；可对已存在的托盘信息进行编辑（单击"编辑"按钮后，系统会弹出编辑窗口，只能修改托盘容量）；也可以删除已存在的托盘（单击"删除"按钮后，系统会弹出提示对话框，让用户确认删除操作），被删除的托盘实际上还在系统中存在（是假删除），新增托盘时也不会再使用被删除的托盘编码。

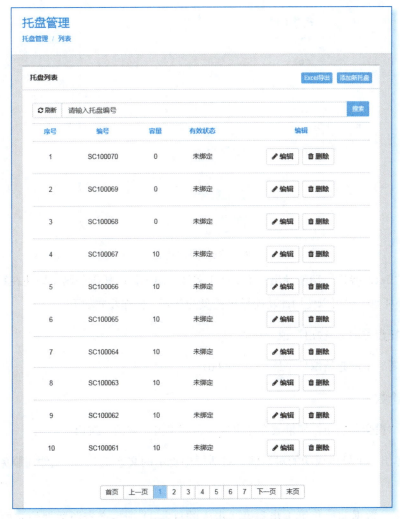

图2-37 托盘管理主界面（托盘列表）

可使用"添加新托盘"功能新增托盘（图2-38）。可以一次添加多个相同类型和相同容量的托盘，操作步骤如下：

1）直接输入（或单击上下箭头增减）数量。

2）直接输入（或单击上下箭头增减）容量（初识默认为10）。

3）选择类型（"输出"或"报验"）。

4）单击"提交"（如果放弃添加，则单击"取消"），系统弹出对话框提示：成功生成从XXX号到YYY号的托盘。

"输出"类型的托盘编号以"SC"开头，并从SC100001起递增编号；"报验"类型的托盘编号以"BY"开头，并从BY100001起递增编号；编号由系统自动生成，新增托盘的编号从当前已有托盘的最大编号加1开始递增编号。

MES 基础与应用

图 2-38　添加托盘

可使用 "Excel 导出" 功能导出一个 Excel 文件，用于打印托盘条码；即使在系统中还没有添加任何一个托盘，也可以使用此功能导出托盘的条码，操作步骤如下：

1）选择托盘类型（"输出" 或 "报验"）。

2）输入要导出的起始编号（最小为 100001）。

3）输入个数。

4）单击 "提交" 按钮，如果放弃导出操作，则单击 "取消" 按钮。

系统会弹出一个导出成功的对话框，对话框中提示的文字是 Excel 文件在服务器端的带路径的文件名。

到此为止，数据初始化第 1 步和第 2 步中的总共 11 项生产资源数据的初始化工作就完成了。

任务二　产品定义管理

任务描述

通过学习相关知识，了解 MES 数据模型中的产品定义数据以及相关的基本概念，明确数据之间的依赖关系，从而掌握 MES 的产品数据初始化建立方法。

结合一个模拟企业的车间生产案例，体验使用 MES 中的相关管理功能完成产品数据初始化的全部过程，为 MES 在车间生产执行中发挥作用做好准备。

相关知识

一、产品定义管理

MES 中的产品定义管理组件从 ERP 获取产品定义信息，及关于如何生产一个产品的信息。管理与新产品相关的活动包括一系列定义好的产品段（图 2-39）。

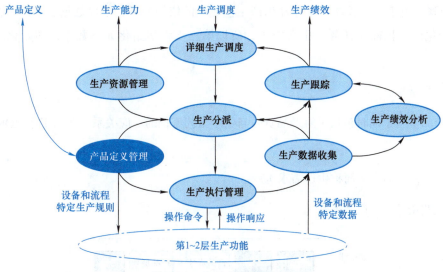

图2-39　产品定义管理活动

产品定义是生产规则（生产工艺）、资源清单和物料清单的一个组合。生产规则描述如何生产产品，资源清单和物料清单则描述生产特定产品需要什么条件（参见"拓展知识"第二节）。在实际 MES 软件中，产品定义由一组数据构成，下面介绍这些数据的含义。

二、产品定义数据

表 2-2 描述了 ElcoMES 中使用的产品定义数据。

表 2-2　产品定义数据及说明

序号	数据	说明
1	产品型号	产品型号是产品大的分类
2	产品货号	产品货号是产品大类下的细分型号，一个产品型号下会有多个产品货号
3	工序	产品的一个生产加工步骤
4	生产工艺流程	由若干工序组成的产品生产加工过程，也称为工艺路线
5	产品货号与生产工艺流程对应关系	为每个产品（产品货号）唯一指定一个生产工艺流程
6	产品工序 BOM	产品生产工序的物料清单，简称为工序 BOM；工序 BOM 在产品 BOM 的基础上，为每种物料指定了配送的工序
7	生产需求	一个产品货号在每个工序上的生产需要具备某种属性的人员来完成，需要具有某种特性的设备来完成，这些总称为生产需求
8	工艺指导书	用于指导工位上的操作工进行生产操作的文档或手册

任务实施

本任务的实施工具：MES 生产管理客户端（Web 页面）。

MES 的基础数据初始化分为三个步骤，前两个步骤已在任务一中实施，本任务将实施第三个步骤。由于生产线体对工序和生产工艺流程的依赖关系，工序数据和生产工艺流程数据的初始化已经提前在任务一中实施了，所以第三步将初始化如下数据，初始化顺序如图 2-40 所示：

1）产品型号。

2）产品货号（同时包括了对产品货号与生产工艺流程的对应关系、产品工序 BOM 的数据初始化）。

3）工序生产需求（简称生产需求）。

4）工艺指导书（产品附件）。

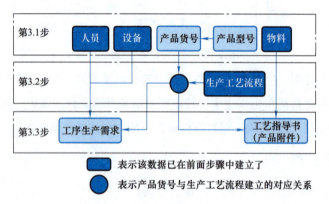

图 2-40　数据初始化（第三步）

以下将按顺序对每个数据初始化步骤进行详细介绍。

一、产品型号

产品型号数据的初始化通过 MES 中的产品型号管理功能实现。产品型号管理主界面如图 2-41 所示，产品型号列表中已包含 2 个产品型号。可以按照产品型号名称搜索列表中的数据，可以对已存在的产品型号信息进行编辑（单击"编辑"按钮后，系统会弹出编辑窗口），也可以删除已有的产品型号（单击"删除"按钮后，系统会弹出提示对话框，让用户确认删除操作）。

可使用"添加新产品型号"功能进行产品型号添加（图 2-42）。填写的信息为"产品型号"，产品型号必须填，而且必须唯一。

图2-41 产品型号管理主界面（产品型号列表）

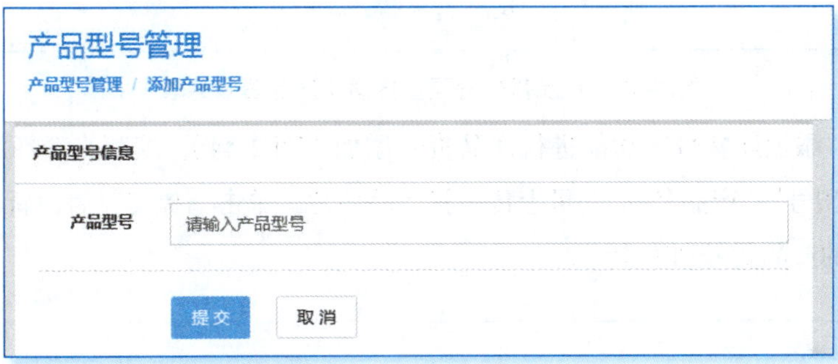

图2-42 添加新产品型号

二、产品货号

产品货号数据的初始化通过 MES 中的产品货号管理功能实现。产品货号管理主界面如图 2-43 所示，产品货号列表中已经包含了 4 个产品货号。可以按照产品型号或者货号搜索列表中的数据。可以对已存在的产品货号进行如下操作：

1）编辑产品：编辑产品货号的基本信息。

2）定义产品属性：给产品货号定义一些产品属性，这些属性可以在生产过程中被测量，用来实时监控产品的质量。

3）定义产品附件：产品附件是指产品生产工艺指导书，是用于指导工位上的操作工进行生产操作的文档或手册。

4）定义产品 BOM：给产品货号定义物料清单。

5）定义工艺路线图：给产品货号指定生产工艺流程（在已定义好的工艺路线图中进行选择）。

图2-43　产品货号管理主界面（产品货号列表）

首先使用"添加新货号"功能进行产品货号添加（图2-44）。填写或选择的信息包括"产品货号""产品型号""产品名称"，可上传一张产品照片。单击"提交"后，新的产品货号将出现在图2-43中的产品货号列表中。

图2-44　添加新产品货号

基础数据管理 项目二

可使用"编辑产品"功能编辑货号基本信息，编辑界面与添加新产品货号界面相同。

可使用"产品属性"功能编辑产品属性。产品属性管理主界面如图 2-45 所示，在产品属性列表中，已经为 LD001 产品定义了一个"重量"属性。

图2-45 产品属性管理主界面（产品属性列表）

对已经存在的属性，可以使用"编辑产品属性"功能对产品属性进行编辑（图 2-46），"属性检查方式"的可选项包括"相等比较"和"范围检测"，然后还要定义"属性标准上限值"和"属性标准下限值"。

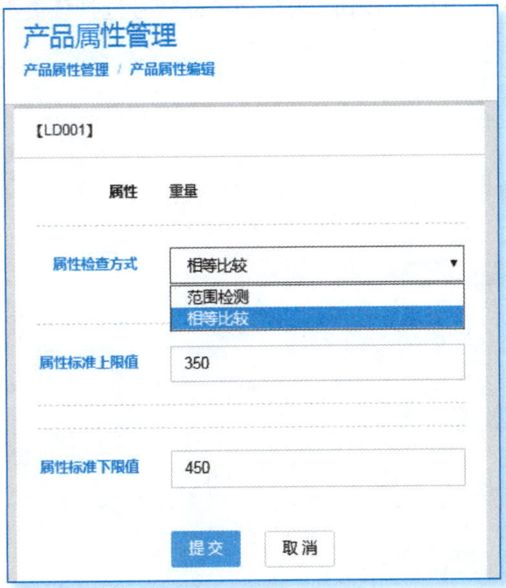

图2-46 编辑产品属性

可使用"添加新属性"功能为产品增加属性（图 2-47）。首先点击"选择属性"，从已定义好的属性列表中选择一个属性（图 2-48），然后确定"属性检查方式"，设置"属性标准上限值"

和"属性标准下限值"。

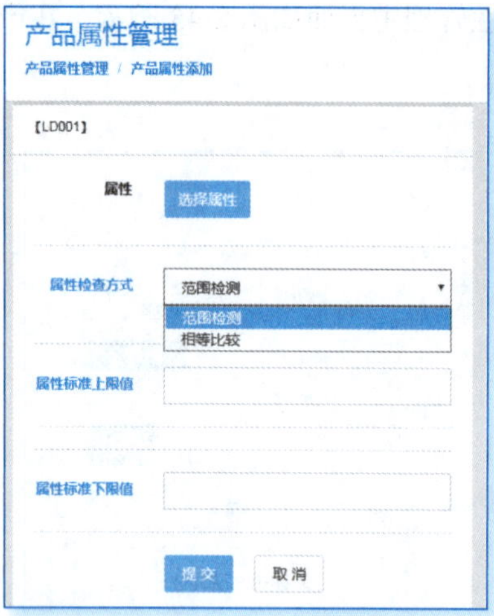

图2-47 为产品添加属性　　　　图2-48 选择产品属性

可使用"产品附件"功能为产品定义工艺指导书（图2-49）。工艺指导书也称为作业指导书或产品附件。

工艺指导书是按类管理的，这类数据的详细初始化方法见本任务实施中的工艺指导书（产品附件）。

图2-49中的每个按钮（如"工序6指导书""工序7指导书""工序4指导书"）都是一个已定义好的工艺指导书类型，可单击按钮，为当前产品货号选择该类型的工艺指导书（图2-50）。

图2-49 产品货号定义工艺指导书（分类显示已指定的工艺指导书）

图2-50 为产品选择某类型的工艺指导书

可使用"工艺路线图"功能为产品货号指定生产工艺路线（工艺路线图）（图2-51）。工艺路线图不能多选，一个产品货号只能对应唯一的一个生产工艺路线。

图2-51 为产品选择工艺路线图

可使用"产品 BOM"功能为产品货号定义产品工序 BOM（图 2-52）。在为产品货号定义产品 BOM 之前，必须先为产品指定生产工艺路线。图 2-52 所示为产品货号 LD001 的生产工艺流程中的工序列表，每个工序都还没有定义物料。

图2-52　为产品定义工序BOM（还未添加物料）

单击"添加物料"后，系统弹出物料选择窗口（图 2-53），可以为工序添加物料，物料可以多选。给所有需要物料的工序添加完物料后的结果如图 2-54 所示。每种物料的数量默认为 1，可以使用"修改数量"功能修改物料数量；可以使用"删除"功能删除物料；如果要给物料变换工序，先在"工序"下拉列表框中选择要变换的工序，然后单击"更新工序"，当前的物料就会显示到要变换的工序下面。

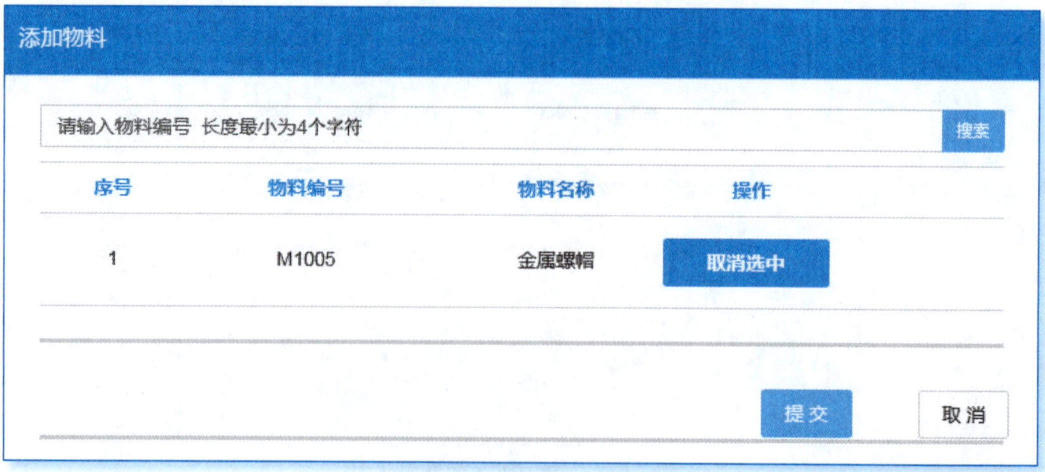

图2-53　为工序添加物料

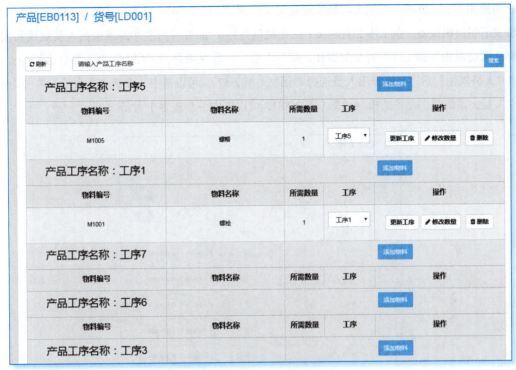

图2-54 为工序添加物料结果

三、生产需求

生产需求数据的初始化通过 MES 中的生产需求管理功能实现。生产需求管理主界面如图 2-55 所示，其中的产品货号列表已定义了 4 个产品货号，可按照产品型号或者货号搜索列表中的数据。

图2-55 生产需求管理主界面（产品货号列表）

可使用"工序规则"功能为产品货号定义生产需求（图2-56）（已为产品货号LD001在工序1上定义了喷涂机设备，在工序2上定义了钻孔机设备）。产品货号的生产需求包括人员规则和设备规则，人员规则是指工序上需要配置什么样的人员，设备规则是指工序上需要配置什么样的设备。单击"人员规则"后，系统弹出人员选择对话框（图2-57），可以选中一个或多个人员；单击"设备规则"后，系统弹出设备选择对话框（图2-58），可以选中一个或多个设备。

图2-56　为产品定义生产需求（工序列表）

图2-57　为工序选择人员

图2-58　为工序选择设备

四、工艺指导书

MES对工艺指导书做分类管理，首先要定义类型，即产品附件类型；产品附件类型数据的初始化通过MES中的产品附件类型管理功能实现。该功能的主界面如图2-59所示，其中的产品附件类型列表已建立了7个产品附件类型。可以对已存在的产品附件类型信息进行编辑（单击"编辑"按钮后，系统会弹出编辑窗口），也可以删除已有的产品附件类型（单击"删除"按钮后，系统会弹出提示对话框，让用户确认删除操作）；可按照附件类型名称搜索列表中的数据；可以使用"添加新产品附件类型"功能添加新的产品附件类型（图2-60）。

图2-59　产品附件类型管理主界面（类型列表）

产品附件类型定义好以后，就可以开始定义产品附件了，产品附件数据的初始化通过 MES 中的产品附件管理功能实现。该功能的主界面如图 2-61 所示，其中的产品附件列表中，已定义了 7 个工艺指导书，分别属于 7 个指导书类型，例如 "DOC_LD1001_01" 是类型为 "工序 1 指导书" 的工艺指导书，可按照产品货号、型号或产品附件编号搜索列表中的数据。可以对已存在的产品附件信息进行编辑（单击"编辑"按钮后，系统会弹出编辑窗口）。可使用"上传新版本附件"功能更新产品附件（图 2-62）。可使用"适用产品"功能为产品附件定义适用的产品（图 2-63）。

图2-60　添加新产品附件类型

图2-61　产品附件管理主界面（产品附件列表）

图2-62　上传新版本附件　　　　图2-63　选择适用产品

可使用"添加产品附件"功能添加产品附件（图 2-64）。首先指定产品附件的类型（在"附件类型"下拉列表框中选择一个类型）。然后设置该产品附件适用的产品型号（单击"选择产品"按钮进行产品选择）、产品附件的文档编号和版本号。如果该产品附件适用于所有产品，则把"适用所有产品"的开关项设置为"是"。设置的最后一项内容是上传产品附件的 PDF 文档（文档大小限制在 20MB）。所有设置完成后，单击"提交"按钮。

图2-64　添加产品附件

拓展知识

一、生产资源模型

生产资源包括人员、设备、物料和过程段。ISO/IEC 62264-1 标准描述了生产资源的对象模型，这些模型提供了 MES 开发、咨询和实施中的统一语言和工具。在 MES 软件开发中，可以根据这些模型来设计对象的类；在 MES 咨询或实施过程中，也可以利用这些模型来描述设计或实施方案。

理解生产资源模型需要使用 UML 建模语言和面向对象程序设计的基本概念，对于非计算机类专业的学生有较大的难度。下面仅通过实例详细介绍人员模型，对其他模型只做简单介绍，学生在今后的工作中如需使用，可以参考 ISO/IEC 62264-1/2 标准[1-2]。

1. 人员模型

人员模型描述生产和管理人员的属性和能力，图 2-65 所示为人员模型的 UML 类图。

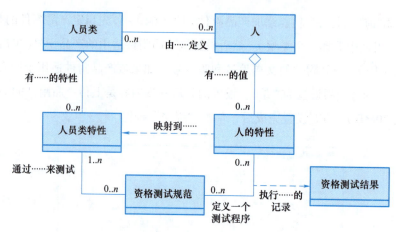

图2-65 人员模型的UML类图

在生产车间中,将人分成人员类(即岗位),每个人员类由若干人组成。人或人员类具有与岗位要求对应的特性,这些特性要通过某种方式来证明(如上岗证、工龄等)。

在五彩棒生产车间中,假设对打标工位打标工的要求是有6个月以上操作打标机的经验,那么,对打标工位的人员描述可以用表2-3~表2-8所示的类来描述。

表2-3 打标工人员类

<人员类(Personnel Class)>			
序号	属性	描述	示例
1	标识(ID)	人员类的唯一标识	PC003
2	说明	用于说明当前人员类的含义及附加信息等	可以操作打标机

表2-4 打标工人员类特性

<人员类特性(Personnel Class Property)>			
序号	属性	描述	示例
1	标识(ID)	人员类特性的唯一标识	PCP002
2	说明	用于说明当前人员类特性的含义及附加信息等	使用过打标机的时间
3	值	特性的值,一般是范围	6
4	值的计量单位	用于说明当前人员类的含义及附加信息等	月

表2-5 打标工人员

<人员(Person)>			
序号	属性	描述	示例
1	标识(ID)	人员的唯一标识	P5001
2	说明	用于说明当前人员的特殊信息	五彩棒车间的打标机
3	姓名	人员姓名	张剑飞

表 2-6　打标工人员特性

序号	属性	描述	示例
< 人的特性（Person Property）>			
1	标识（ID）	人员特性的唯一标识	PP005
2	说明	用于说明当前人的特性的含义及附加信息等	使用过打标机的时间
3	值	特性的值，一般是范围	8
4	值的计量单位	用于说明当前人员类的含义及附加信息等	月

表 2-7　打标工资格测试规范类

序号	属性	描述	示例
< 打标工资格测试规范（Qualification Test Specification）>			
1	标识（ID）	资格测试规范的唯一标识	PP005
2	说明	用于说明该资格/资质的含义	使用过打标机的月数
3	版本	资格/资质的版本	V2018

表 2-8　打标工资格测试结果类

序号	属性	描述	示例
< 打标工资格测试结果（Qualification Test Result）>			
1	标识（ID）	资格测试结果的唯一标识	QTS1005
2	说明	用于阐述该资格测试的特殊信息	使用过打标机的证明
3	日期	测试的日期和时间	2019 年 1 月 1 日
4	结果	测试的结果	6
5	结果度量单位	测试结果的计量单、数据类型或者数据范围	月
6	截止日期	过期时间	2019 年 6 月 30 日

2. 设备模型

设备模型描述设备的属性、能力以及维护活动，图 2-66 所示为设备模型的 UML 类图。

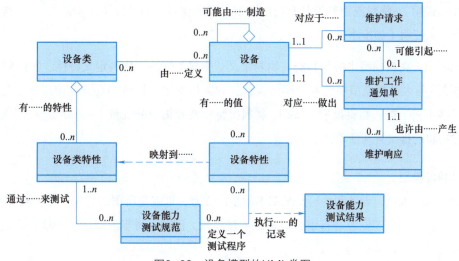

图 2-66　设备模型的UML类图

和人员模型类似，设备也分成设备类（如机床），每个设备类由若干单体设备构成（如5号机床、8号机床）。设备或设备类具有与生产工艺要求相对应的特性（即功能和性能），这些特性要通过某种方式来证明（如合格证、测试报告等）。

可以看出，设备模型中的设备类、设备、设备类特性、设备特性、设备能力测试规范及设备能力测试结果与人员类模型中的六个模型类似。与人员不同，设备是需要维护的。因此，在设备模型中多了三个类：维护请求、维护工作通知单和维护响应。利用这三个类可以描述设备的维护活动。

3. 物料模型

物料模型描述物料的属性和能力，图2-67所示为物料模型的UML类图。

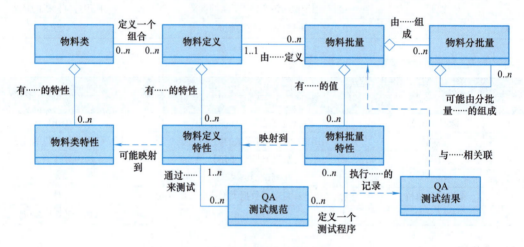

图2-67　物料模型的UML类图

和人员模型类似，物料也分成物料类（如螺帽），每个物料类由若干单体物料构成（如铁质螺帽、红色螺帽）。物料或物料类具有与生产工艺要求相对应的特性（即质量），这些特性要通过某种方式来证明（如检测报告）。

可以看出，物料模型中的物料类、物料定义、物料类特性、物料定义特性、QA测试规范、QA测试结果与人员类模型中的六个模型类似。和人员不同，物料需要分批使用。因此，在物料模型中多了三个类：物料批量（Lot）、物料批量特性和物料分批量（Sublot）。利用这三个类可以描述物料的批量管理活动。

4. 过程段模型

前面介绍的人员、设备和物料是最基本的生产资源，也就是所谓的"人、机、料"。在数字化车间中，将基本生产资源进行组合就构成了过程段。例如，对于五彩棒生产线，我们可以定义如下过程段：

1）加工过程段 P1：焊接/喷涂工位→涂胶/钻孔工位。

2）装配过程段 P2：装配 1 工位→称重工位→装配 2 工位。

3）包装过程段 P3：打标工位→包装工位。

以上简要地按照工位组合划分了过程段，每个工位包括人员、设备和物料三种基本生产资源。在车间生产调度中，可以根据订单以过程段为单位进行排产和排程，不仅效率高，而且简单清晰。另外，过程段和下面要介绍的产品段常常有对应关系，这样能够很快地确认产品生产需求与车间生产能力之间的匹配度。

在过程段模型（图 2-68）中，过程段被定义为人员段技术规范、设备段技术规范、物料段技术规范和过程段参数的汇集，也就是符合所要求技术规范的生产资源的组合。这些技术规范可以用人员、设备和物料的特性来定义，具有这些特性的人员、设备和物料被选中，构成一个过程段。

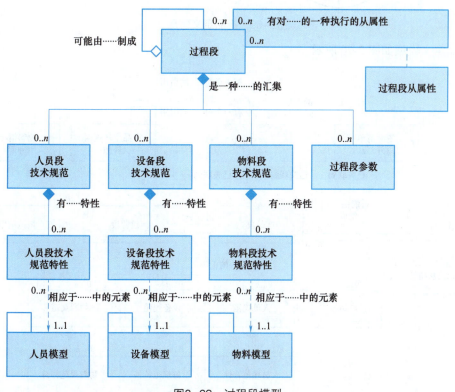

图 2-68 过程段模型

通俗地讲，就是要在数字化车间定义一些生产单元，这些生产单元对应产品工序。对每个生产单元设定基本生产资源（人员、设备和物料）必须满足的条件，符合条件的基本生产资源构成该生产单元。过程段模型提供了定义和筛选基本生产资源的框架、流程和工具，便于在软件开发和系统集成时参照。

二、产品定义模型

在数字化车间中,对特定产品的生产,需要三个主要的信息区域,分别是资源调度、物料清单和生产规则的信息。产品定义信息是产品生产规则、物料清单以及资源清单之间共享的信息,即图2-69所示的重叠区域。

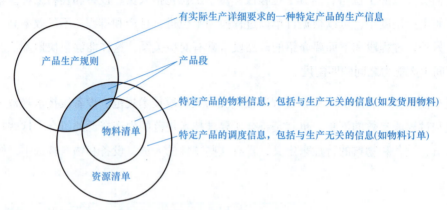

图2-69　产品定义信息

产品定义模型如图2-70所示。

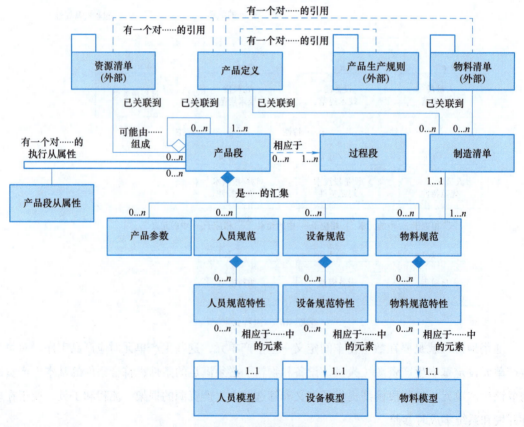

图2-70　产品定义模型

产品生产规则（即生产工艺）描述如何生产该产品，物料清单和资源清单描述生产该产品所需要的生产资源，这些信息都由车间之外负责工艺设计的部门提供。订单和工艺文件到达车间后，需要将产品定义分解成若干产品段，每个产品段对应车间的一个过程段。产品段模型和过程段模型类似，描述了生产该产品所需人员、设备、物料的规范（即条件）以及产品参数，满足这些条件的人员、设备和物料形成的过程段可以完成该产品段的生产。

三、工业互联网标识解析体系

工业互联网是新一代信息通信技术与工业经济深度融合的全新工业生态、关键基础设施和新型应用模式，通过对人、机、物的全面连接，不断改变传统制造模式、生产组织方式和产业形态，构建起全要素、全产业链、全价值链全面连接的新型工业生产制造和服务体系，为实体经济数字化、网络化及智能化发展提供实现途径。在工业生产要素全面互联的工业互联网中，每个设备、物料和产品等物理资源以及算法、工序等虚拟资源都需要有全球唯一的"身份证"，这个"身份证"就是标识。

在 MES 的基础数据中，人、设备、物料、工序和工位等都具有一个在系统范围内唯一的标识或者编码，但不同企业和行业的编码和解析方式不尽相同，不同的企业之间很难通过生产对象的私有标识和编码获取到生产对象的数据。随着工业互联网的发展，全要素、全产业链、全价值链全面连接的需求日益迫切，需要建立一种兼容不同技术体系、能够跨系统跨层级跨地域的工业互联网标识解析体系。通过统一融合的工业互联网标识解析体系，企业或用户可以利用标识访问产品从设计、生产、物流、销售到使用等各环节，在不同管理者、不同位置、不同数据结构下智能关联的相关信息数据，实现全球供应链系统和企业生产系统的精准对接，产品的全生命周期管理和智能化服务。

工业互联网标识的注册服务和解析服务由工业互联网标识解析节点提供，企业通过注册过程为自己的资源获得全球唯一编码，其他企业通过解析过程获得编码所代表的资源数据和信息，以此实现跨企业的数据共享和交换。

企业从私有编码体系转向工业互联网标识解析体系，需要将 MES 系统与工业互联网标识解析系统进行对接，包括标识注册流程的对接和标识解析流程的对接。嵌入工业互联网标识的 MES 系统将加快企业实现基于工业互联网的数字化转型步伐。

项目三 PROJECT 3

生产管理

知识目标

1. 学会用系统的观点了解和概括生产活动与生产系统。
2. 掌握生产管理的基本概念，并了解其重要功能。
3. 明确 MES 中的生产计划在企业分层计划体系中的定位。

技能目标

1. 学会使用 MES 制订生产计划和排产。
2. 学会使用 MES 分派任务。
3. 学会使用 MES 接收生产任务和采集生产数据。
4. 学会使用 MES 控制和跟踪生产过程。
5. 学会使用 MES 统计和分析生产绩效。

项目背景

生产是由一家企业独立进行或多家企业合作进行的、用于为人们创造产品或提供服务的有组织的活动。如果从系统的观点对生产活动进行概括，则生产活动包括生产要素投入（简称投入）、转换过程和有效产品或服务产出（简称产出）三个基本环节。

在生产活动中投入的生产要素通常包括人力、设备、物料、能源、土地、信息及技术等。转换过程是价值增值的过程，是企业从事产品制造和提供有效服务的主体活动，该过程带有明显的行业特征，例如制造企业进行的是实物形体的转换，生产要素经转化后将产出有形的实物产品。在本书的实训案例中讨论的生产案例就是离散型制造企业的生产转换过程，产出的产品是一个由多种物料经加工和装配而成的五彩棒。

生产企业将上述投入、转换和产出三个环节集成于一体，就形成了生产系统，生产管理就是企业对上述生产系统的运行进行的管理，其主要功能是对生产过程进行组织、计划和控制。

生产管理中的组织功能包括生产组织机构的设计、工作岗位的设置，以及管理责任和权力的划分，还包括生产过程的规划与设计。生产组织机构的设计和工作岗位的设置不属于日常性的管理工作，一旦设计或设置完成，在一段时期内相对稳定。生产过程的规划与设计是企业开展生产活动的基础，是一个在生产活动中不断迭代更新的过程；用于本课程实训活动的数字化车间就是生产过程规划与设计的结果，其中包括了硬件和软件两个部分，硬件部分就是看得见的环形产线，软件部分就是 MES，这样的软硬件组合设计为车间的生产过程提供了足够的灵活性，可以满足市场对产品多样性的需求。

生产管理中的计划和控制功能包括决定企业的生产系统在何时何处生产多少及什么样的产品，还包括随时掌握和控制各个生产环节的生产进度的工作，其核心功能是对使用原材料、能源、设备、人力和信息生产产品的各项生产职能进行协调、指导、管理和跟踪，其管理目标是让生产出的产品在成本、质量、数量、安全性和交付时间等方面达到预定的要求。属于生产管理的这些活动可以由物理设备或人工来完成，也可以由信息系统来完成。

在制造业发展的早期阶段，计划与控制还都是凭借人的经验并借助于纸笔工具来完成的。而到了今天，在那些已完成信息化改造的企业中，计划与控制子系统多数以信息系统的形式存在，这个信息系统就是本书介绍的 MES。

本项目的内容将在下列三个任务中展开：

1）任务一　制订生产计划和排产。

2）任务二　任务分派与生产执行。

3）任务三　生产跟踪控制与绩效分析。

任务一　制订生产计划和排产

任务描述

通过学习相关知识，了解什么是 MES 中的生产计划。结合一个模拟生产案例，实际体验使用 MES 中的相关功能，完成以下计划与排产的全部过程，为向工位下达生产任务做准备：

1）根据销售订单制订生产计划。

2）把订单生产计划按照工艺路线要求分解到各个工序，形成工位生产任务。

3）生成请求库房备料的订单物料需求。

4）生成指导车间线边库配送物料的订单工序物料需求。

相关知识

一、MES中的生产计划

MES 是生产执行层的信息系统，它既要从业务系统接收生产任务，又要通过收集生产过程中的实时数据，及时处理各种实时事件，以达到调整和优化生产过程的目的，并将收集到的生产过程信息反馈给业务系统。MES 要与上层的业务系统和下层的控制系统保持双向的通信和数据交换，如图 3-1 所示。

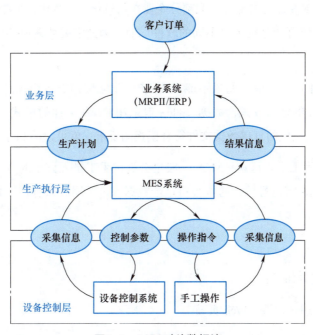

图3-1　MES对外数据流

"计划"一词在企业的信息系统中会多次出现，而且在不同的层次上代表不同的业务含义。在业务层，基于客户订单或销售预测会形成企业的销售计划或销售订单（简称销售订单）；到了生产执行层，销售订单会转化成生产计划或生产订单（简称生产订单），而生产订单与销售订单可能不再是一一对应的关系了，因为生产车间可能会根据生产调度与安排的需要把一个销售订单拆分成多个生产订单，这就是所谓的"拆单"。

MES 中的生产计划就是对来自业务层的销售订单经拆单后形成的生产订单。销售订单的下达有静态和动态两种可能的方式，所谓静态方式是指，在一个生产周期内（如一天），销售订单在一天开始时下达到车间后就不再增加了，直到第二天开始时再下达新的订单，车间生产任务在一天内相对稳定；而动态方式是指，在一天之内，车间随时会接收新的销售订单并形成生产订单，作业排序也必须随时更新。

生产订单经 MES 排产后将派生出工序物料计划和生产作业计划，工序物料计划用于指导物料配送，生产作业计划用于指导工位生产。

二、MES接收销售订单数据的方法

在MES的订单管理功能中，通常会提供以下三种销售订单数据接收方法。

（1）从ERP系统获取订单　如果企业在实施MES时能够做到与ERP系统进行很紧密的集成，则可以实现销售订单从业务层的ERP系统向生产执行层的MES的自动传输。MES与ERP系统的紧密集成需要一些条件，如MES与ERP系统要相互开放接口，以实现企业的分层计划管理流程在ERP和MES之间的整合。大部分企业在信息化的过程中，通常先上的是ERP系统，并且MES与ERP系统可能分别来自不同的软件厂商，因此需要协调好不同的厂商，以实现系统紧密集成的目的。

（2）从数据文件导入订单　如果不能实现ERP系统与MES的紧密集成，MES通常会采取基于数据文件的订单导入方式，数据文件一般采用Excel文件的格式，MES会规定好一个Excel模板文件，只要提供的订单数据文件符合模板的要求，就可以顺利导入到MES中。

（3）在MES中手工录入订单　MES一般也会提供手工录入订单的方式。这个功能一般用于系统测试，在系统正式运行后，通常会将这个数据入口关闭。只有存在特殊的业务需求时才启用这个功能。

任务实施

本任务的实施工具如下：

1）MES生产管理客户端（Web页面）。

2）MES线边库发料客户端（Android App）。

3）一个Excel格式的订单文件模板。

本任务将按照图3-2所示的流程实施，具体实施步骤如下：

1）编辑一个Excel格式的订单文件。

2）在MES中创建订单数据。

① 从Excel文件导入订单。

② 手工添加订单。

3）修改订单BOM。在MES中，每一个型号的产品都定义了相应的BOM，这个BOM被称为产品BOM。然而在实际生产中可能会发生这样的情况：由于某些原因，需要对某个订单中的产品的物料清单进行修改（比如需要换一种物料，或者修改某个物料的个数），于是，针对这个订单的产品就出现了一个新的BOM，称为产品订单BOM。顾名思义，产品订单BOM只针对这个订单，其他订单只要没有修改 BOM 的要求，都默认按照产品 BOM 来生产。

4）订单生产排程。

5）工位任务转移。

6）排程确认。

7）备料并打包。

8）查看未下达的工位任务。

9）查看工位物料需求。

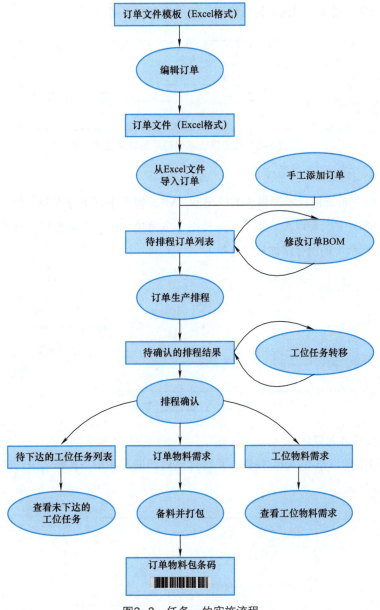

图3-2 任务一的实施流程

下面按顺序对每个实施步骤进行详细介绍。

一、编辑一个Excel格式的订单文件

该文件基于系统提供的 Excel 模板编辑而成，如图 3-3 所示。模板文件是 order.xlsx，其中文件第一行的日期是订单生成日期，表格中的数据列包括"NO.""订单号""货号""生产序号""型号""数量""客户要求货期"以及"生产要求"。在本任务的实施中，假设车间对销售订单不做拆单处理，故一个销售订单就映射成一个生产订单；此 Excel 文件就是一个生产订单文件，其中，"订单号"就是销售订单号，"生产序号"是用于在生产车间内识别订单的号码，通常包含一些与生产相关的信息，便于车间人员进行识别，编号规则由车间确定。

图3-3　基于模板编辑而成的订单文件

二、在MES中创建订单数据

在没有与 ERP 系统进行紧密集成的情况下，MES 提供了订单导入和订单添加的功能。该功能的入口是 MES 生产管理客户端（Web 页面）主菜单中的"订单管理"菜单项。订单管理主界面如图 3-4 所示（还没有添加任何订单）。

图3-4　订单管理主界面

1. 从Excel文件导入订单

单击"批量上传订单 Excel"按钮，系统弹出对话框，让用户选择一个已经编辑好的订单文件，如图 3-5 所示。

选中文件后，系统将显示读取订单文件的结果（图3-6），如果内容正确，单击"确认导入"按钮，系统将把订单文件中的订单导入系统，并显示在图3-7所示的订单列表中。

图3-6　读取订单文件的结果

图3-7　订单导入成功后的订单列表

图3-7中的每条订单后面都会有几个不同的功能按钮，除了"删除订单"，还有"编辑订单""暂停订单""恢复订单""终止订单"，这些功能按钮的出现和使用规则如下：

1）"删除订单"：只有新添加的订单，并且该订单还没有排程，才可以删除。当订单排程以后，"删除订单"按钮就会变成"暂停订单"按钮。

2）"编辑订单"：新添加但未排程的订单可以编辑，已排程但被暂停的订单也可以编辑。当订单被排程以后，"编辑订单"按钮就会变成"终止订单"按钮。

3）"暂停订单"或"恢复订单"：已排程的订单可以被暂停，暂停以后，"暂停订单"按钮就会变成"恢复订单"按钮；暂停的订单可以被恢复，订单恢复以后，"恢复订单"按钮就会变成"暂停订单"按钮。

4)"终止订单":已排程的订单可以被终止,被终止的订单不显示在订单列表中。

2. 手工添加订单

单击图3-7中的"添加新订单"按钮,系统弹出添加订单对话框(图3-8)。依次输入订单生产编号、生产序号、计划生产数量、计划生产时间、交付时间,并设置订单优先级、选择产品(图3-9),然后单击"提交"按钮确认添加,添加成功后,新添加的订单将出现在图3-4所示的订单列表中。

图3-8　添加订单　　　　　　　　图3-9　选择产品

三、修改订单BOM

该功能的入口是MES生产管理客户端(Web页面)主菜单中的"订单BOM管理"菜单项。

订单BOM管理的用户界面如图3-10所示,当前显示的是已经添加到MES中,并且可以修改订单BOM的订单列表。已经完成排程确认的订单,不可以再修改订单BOM,因此已经完成排程确认的订单不会出现在图3-10中的订单列表中。如果某个订单的订单BOM与产品BOM是一致的,则该订单的"与产品BOM是否一致"标志显示"一致";否则,显示"不一致"。

图3-10中的每条订单后面都会有如下两个功能按钮:

1)"产品BOM"按钮:用于修改产品BOM。这里的修改产品BOM功能与产品货号管理中的修改产品BOM功能是一样的,在这里重复出现修改产品BOM功能主要是为了方便操作。

2）"订单BOM"按钮：用于修改订单BOM，可以为某个订单修改订单BOM。

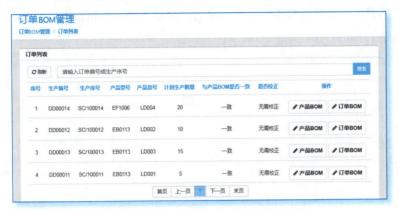

图3-10 订单BOM管理的用户界面

1. 修改产品BOM

单击"产品BOM"按钮，进入图 3-11 所示的界面。可以给工序添加物料、修改物料数量，或者删除物料；也可以把一个工序上的物料调整到另一个工序上，方法是在物料行的右边下拉列表框中选择目标工序，然后单击"更新工序"按钮，操作成功后，该物料就被调整到目标工序上了。

图3-11 修改产品BOM

2. 修改订单BOM

单击图 3-10 中的"订单BOM"按钮，进入图 3-12 所示的界面。可以给工序添加物料、修改物料数量，或者删除物料；也可以把一个工序上的物料调整到另一个工序上，方法是在物料行的右边下拉列表框中选择目标工序，然后单击"更新工序"按钮，操作成功后，该物料就被调整到目标工序上了。

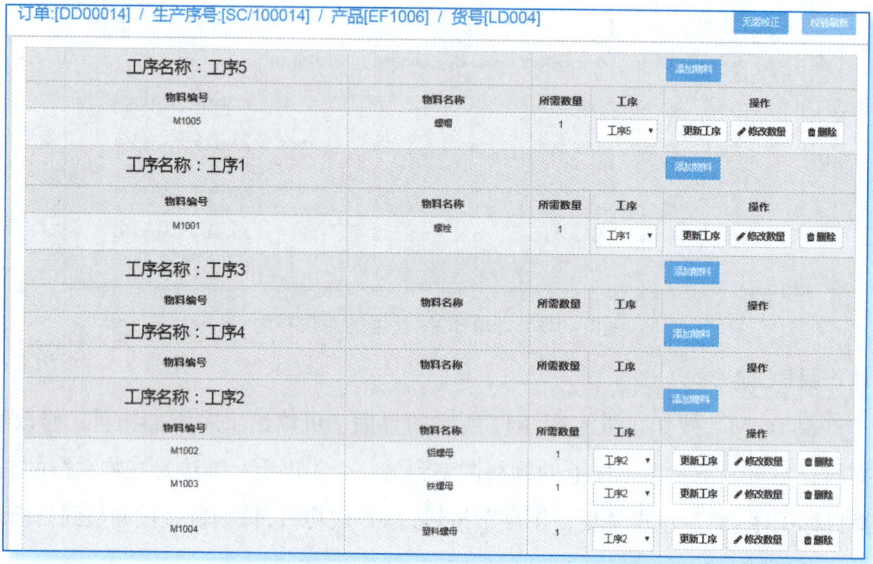

图3-12　修改订单BOM

如果用"修改数量"功能把图3-12中工序1上的物料（螺栓）数量从1改为2，则系统会自动检查订单BOM与产品BOM的一致性，系统发现不一致的地方，会高亮显示相应的物料行（图3-13）（单击屏幕右上角的"校验刷新"按钮，系统会重新检查订单BOM与产品BOM的一致性，并高亮显示不一样的地方）。此时，如果回到订单BOM管理的用户界面，则在"订单BOM管理"的订单列表中，该订单的"与产品BOM是否一致"标志会显示"不一致"（图3-14）。

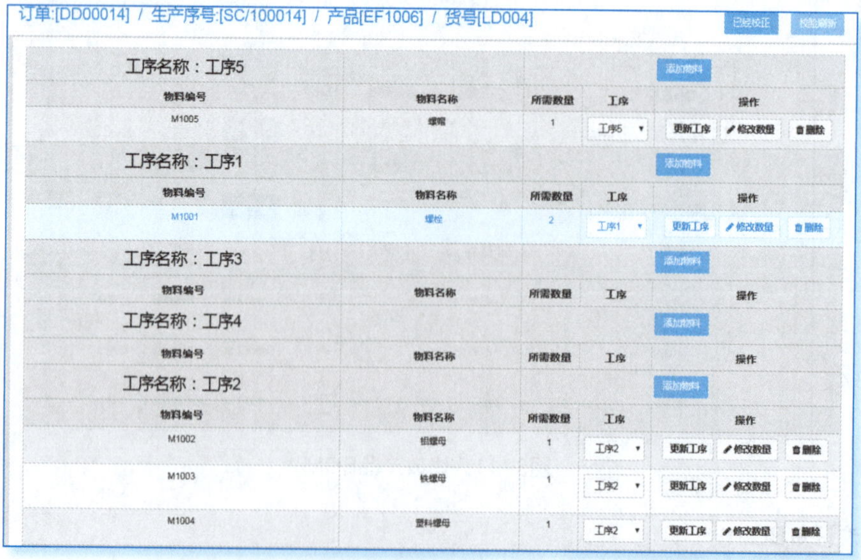

图3-13　修改订单BOM时出现与产品BOM不一致的情况

生产管理 项目三

图3-14 订单BOM与产品BOM不一致

四、订单生产排程

订单导入或添加完成后,就可以对这些订单进行生产排程了。该功能的入口是 MES 生产管理客户端(Web 页面)主菜单中的"排程管理"菜单项。排程管理界面如图 3-15 所示,当前显示的是待排程订单列表。

图3-15 排程管理界面

在"待排程订单列表"中,每个订单行的左边有一个复选框,首先选择好要进行排程的订单,可以同时选择多个订单一起排程(图 3-16)(这里选择了序号为 1 和 3 的两个订单);然后单击界面右上方的"订单排程"按钮,系统将运行排程算法,并将分工位显示系统给出的待确认的排程结果(图 3-17)。所谓"待确认的排程结果",是指该排程结果需要最终确认后才能生效,在确认之前,还可以对工位任务进行调整,或者让系统重新进行排程。

图3-16 待排程订单列表(选择了序号为1和3的订单)

— 89 —

图3-17 待确认的排程结果

五、工位任务转移

在图 3-17 所示的待确认的排程结果界面中,每个工位任务后面都有一个"转移"按钮,车间生产管理人员可以使用这个功能对排程结果进行调整。具体操作方法是:单击某个工位任务后面的"转移"按钮,进入工位任务转移页面(图 3-18),可根据需要把该任务转移到其他工位(在"转移当前任务至"下拉列表框中选择目标工位,如果系统没有发现可以转移到的工位,则系统在"转移当前任务至"下拉列表框中显示"未找到合适工位")。通常情况下,如果事先给某个工序配置了多个工位,则生产任务可以在这几个工位之间进行转移。

图3-18 工位任务转移

六、排程确认

在图 3-17 所示的待确认的排程结果界面中,单击"排程确认"按钮后,经确认的排程结果就变成了有效排程。在排程结果页面中,排完程的工位任务后面不再出现"转移"按钮(图 3-19)。一旦已排程的订单的任何一个工位任务在工位生产客户端(Android App)上被触发开始后,这个订单将不再显示在图 3-19 所示的排程结果页面中。已排程的订单不再显示在图 3-15 所示的待排程订单列表中。

图3-19 被确认的排程结果

七、备料并打包

这是物料管理的功能,不在本项目中介绍。该功能的入口是 MES 库存管理客户端(Web 页面)主菜单中的"订单物料出库并打包"菜单项,相关内容参见项目四。

八、查看未下达的工位任务

此步骤的目的是:通过查看未下达的工位任务列表,验证并确认生产作业计划已经制订完成。查看的入口是 MES 生产管理客户端(Web 页面)主菜单中的"订单任务管理"菜单项。

订单任务管理主界面如图 3-20 所示,分工位显示已排程的生产任务列表。其中,任务状态为"未下达"的任务,就是已排程还未下达的任务。

图3-20 订单任务管理主界面（查看未下达的工位任务）

九、查看工位物料需求

此步骤的目的是：通过查看工位物料需求清单，验证并确认订单物料需求已经被细化到每个工序的工位。

需要通过线边库发料客户端（Android App）进行查看。线边库发料客户端（Android App）启动后的主界面如图3-21所示。系统将显示"近三个月"内"未下发"（指未下发物料）的订单列表，如果某个订单的物料还没有被线边库收到，则该订单将显示"欠料"标记。

系统分三个选项卡显示订单列表："未下发""已下发""所有"，分别表示未分料完成的订单、已分料完成的订单以及所有的订单。单击屏幕上方的标签以切换显示内容。

图3-21 线边库发料客户端启动后的主界面

刚排程完的订单应该显示在"未下发"选项卡中，并显示"欠料"标记。单击某个刚排程完的订单（如订单编号为 DD00013 的订单），进入该订单的发料界面（图 3-22），系统将分工序显示每个工序需要的物料清单，清单中包括每种物料的"需要"（需要数量）、"已收"（已收数量）、"已发"（已发数量）、以及"本次可发放"（本次可发放数量）。在刚排程完的订单的工序物料清单中，需要数量 = BOM 中规定的数量，已收数量 =0，已发数量 =0，本次可发放数量 =0，这说明该订单的物料包还没有被线边库接收到。

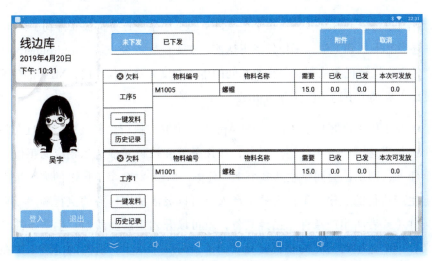

图 3-22　订单发料界面

任务二　任务分派与生产执行

任务描述

通过学习相关知识，了解 MES 提供的生产任务分派方式和工位的生产任务执行方式，了解在制品在工序间传递的不同方式对订单生产周期的影响，以及 MES 在生产数据采集中发挥的作用，了解不同的采集方式。

结合一个模拟生产案例，实际体验使用 MES 中的相关功能，完成以下任务分派、物料配送以及生产执行的全部过程：

1）把生产任务下达到各个工序的工位。

2）线边库收、发物料。

3）工位接收任务并开始生产。

4）工位接收物料和在制品。

5）工位输出在制品。

6）工位填报工时并结束任务。

相关知识

一、生产任务分派与执行

在 MES 中执行完排程操作以后，每个生产订单的工序生产任务都被安排到了具体的工位上，但生产任务还没有下达到工位；工位任务下达前，在工位生产客户端（Android App）上还看不到工位生产任务。工位任务的下达是交给车间的生产调度人员来操作的，MES 的生产管理客户端（Web 页面）提供了下达工位任务的功能。

生产工位在工位生产客户端（Android App）上领取并执行生产任务。一旦车间生产调度人员给某个工位下达了一个工位生产任务，该任务就会被瞬间推送到相应的工位。如果同时下达了多个任务，则工位会同时收到多个生产任务。MES 对一个工位上的多个生产任务并没有强制规定生产执行的顺序，工位上的生产人员可以灵活决定任务的执行顺序，只要任务执行的前提条件（或者叫生产条件）已经具备，就可以开始生产。所谓"生产条件具备了"包含两个含义：一个是生产所需的物料已经收到了，另一个是生产所需的前道工序在制品已经收到了。

二、在制品在工序间传递的方式及对订单生产周期的影响

在离散型制造企业，订单生产周期是指订单从车间开始投产到全部成品出产所经历的整个生产过程的全部时间。

一个生产订单的生产是要按照产品工艺流程的规定，从首道工序开始加工，然后传递到下一道工序，直至最后一道工序加工完成。订单生产周期的长短与加工工件或在制品在工序间的移动方式有很大关系。在制品在工序间的移动方式有三种：顺序移动方式、平行移动方式以及顺序加平行混合移动方式。

下面通过一个例子来说明这三种方式的特点、区别，以及对订单生产周期的影响。

假设车间收到了一个"生产 4 件 A 产品"的订单，A 产品的工艺流程规定要经过 4 道工序的加工，单件产品在每道工序的加工时间分别为 $t_1=20min$、$t_2=5min$、$t_3=40min$、$t_4=10min$

1. 在制品顺序移动方式

在制品顺序移动方式是指 4 件产品在某道工序全部加工完毕后，整批传递到下一道工序的方式。其订单生产周期如图 3-23 所示。

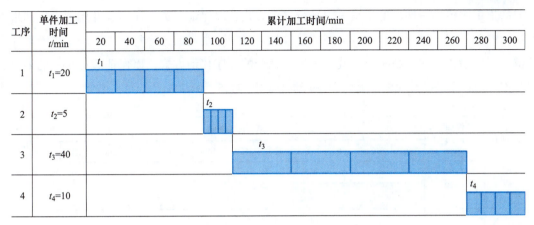

图3-23　在制品顺序移动方式下的订单生产周期

这种方式的订单生产周期为300min，并且从图上可以发现一个特点：每道工序在这4件产品上所花的加工时间是连续的。

2. 在制品平行移动方式

在制品平行移动方式是指一道工序每加工完一件产品，就向后道工序传递一件，其订单生产周期如图3-24所示。

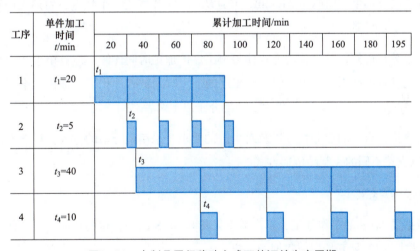

图3-24　在制品平行移动方式下的订单生产周期

这种方式的订单生产周期为195min，并且从图上可以发现一个特点：第1道和第3道工序在这4件产品上所花的加工时间是连续的，而第2道和第4道工序在这4件产品上所花的加工时间是不连续的，加工时间是碎片化的。

3. 在制品顺序加平行混合移动方式

在制品顺序加平行混合移动方式是指将顺序移动方式和平行移动方式结合起来使用的方式。如果当前工序的单件加工时间小于后道工序的单件加工时间，则当前工序每加工完一件就向后道工序传递一件,也就是采用平行移动方式,以保证后道工序尽早开始加工。如果当前工序的单件加工时间大于后道工序的单件加工时间,则当前工序每加工完一定数量后才向后道工序传递积存的在制品,也就是采用不完全的顺序移动方式,以保证后道工序的加工时间是连续的,不是碎片化的。其订单生产周期如图 3-25 所示。

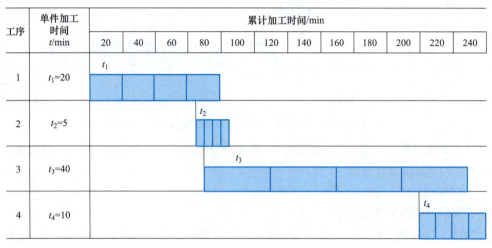

图3-25　在制品顺序加平行混合移动方式下的订单生产周期

这种方式的订单生产周期为 240min,并且从图上可以发现一个特点:每道工序在这 4 件产品上所花的加工时间都是连续的。

通过以上分析可知,顺序移动方式使每道工序的加工时间连续,但订单生产周期最长;平行移动方式使订单生产周期最短,但有些工序的加工时间被碎片化了;顺序加平行混合移动方式使每道工序的加工时间连续,订单生产周期介于以上两者之间,是个取长补短的方式。

企业需要根据自身的业务特点以及对生产的要求,采用最合适的方式。用于本书课程实训的 MES 可以支持不同的在制品传递方式。

三、生产数据采集

生产数据是 MES 的工作基础,生产数据采集是 MES 的一个重要功能。生产任务一旦被下达到工序工位,MES 就开始生产数据的采集。

1. 生产数据采集的定义

生产数据采集是指 MES 通过数据采集接口来获取生产执行层的各种数据,以便生产管理人员通过 MES 进行生产管理。如果企业的生产管理人员不能通过 MES 及时、准确地得到来自生产现场的实时生产信息,就不能对生产操作进行及时的管理和决策。

2. 生产数据的种类

生产数据包含了各种生产要素在生产过程中的过程信息。

1）工位生产人员信息，如工位生产人员在哪个工位上干过活，以及上工、下工的时间记录信息。

2）物料信息，如物料被工位接收的信息（包括时间、工序工位、数量以及用于哪个订单生产）、物料被使用的信息（包括时间、工序工位、使用量、剩余量以及用于哪个订单生产）。

3）工位任务生产过程信息，如每个工位任务的生产开始时间、中间暂停时间、生产结束时间，每个加工工步的工时消耗信息。

4）在制品信息，如在制品被工位接收的信息（包括时间、工序工位、数量以及用于哪个订单生产）、在制品被使用的信息（包括时间、工序工位、使用量、剩余量以及用于哪个订单生产）和在制品被返工的信息（包括时间、工序工位、返工量、哪个订单）。

5）生产中触发的非正常流程信息，如物料异常（扣留）情况的处理信息、在制品异常（下线维修）情况的处理信息。

6）生产设备及工装的技术参数信息，如生产设备及工装上各种传感器的实时数据。

3. 生产数据的采集方式

生产数据的采集方式分为手工采集和自动采集。

（1）手工采集　手工采集是指由工位上的生产操作人员采用手工方式将数据信息录入到 MES 的工位生产客户端。具体的信息录入方式包括通过屏幕键盘或外接键盘输入文字和数字信息、单击屏幕上的按钮触发事件以及用扫码枪读取条码包含的信息。

（2）自动采集　自动采集是指由系统定时或不定时地从设备终端中自动采集信息。具体的信息采集方式有：采用 RFID 技术，通过射频信号自动识别目标对象并获取相关数据；通过数据接口采集设备数据，主要设备类型有 PLC、数控机床、机器人以及各种测量设备等。

在流程型生产企业，生产自动化程度较高，主要采用自动化的设备数据采集方式，大量的数据来自于 PLC；在离散型制造企业，生产自动化程度不是太高，主要采用人工录入方式进行数据采集，并结合一些条码扫描方式和 RFID 标签识别方式。用于本书课程实训的 MES 中的工位生产客户端（Android App）就是一个重要的工位数据采集终端。

任务实施

本任务的实施工具如下：

1）MES 的生产管理客户端（Web 页面）。

2）MES 的线边库收料客户端（Android App）。

3）MES 的线边库发料客户端（Android App）。

4）MES 的工位生产客户端（Android App）。

本任务将按照图 3-26 所示的流程实施，具体实施步骤如下：

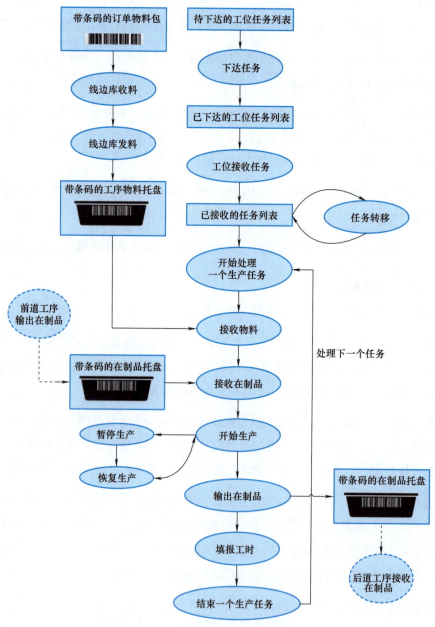

图3-26　任务二的实施流程

1）下达任务。

2）线边库收料。

3）线边库发料。

4）工位接收任务。

5）任务转移。

6）开始处理一个生产任务。

7）接收物料。

8）接收在制品。

9）开始生产。

10）输出在制品。

11）填报工时。

12）结束一个生产任务。

下面按顺序对每个实施步骤进行详细介绍。

一、下达任务

此功能的入口是 MES 生产管理客户端（Web 页面）主菜单中的"订单任务管理"菜单项。订单任务管理的用户界面如图 3-27 所示，分工位显示已排程的生产任务列表。其中，任务状态为"未下达"的任务就是已排程还未下达的任务。

图 3-27 工位任务下达前

在工位任务列表中,每个未下达任务的左边都有一个复选框,首先选择要下达的工位任务,然后单击页面右上方的"下达任务"按钮。任务下达后,该任务的状态就变成"未开始",同时任务后面的"转移"按钮消失(图3-28);并且在对应的工位PAD上的工位任务列表中会自动显示出刚刚下达的任务。

图3-28　工位任务下达后

二、线边库收料

请参阅项目四中的任务二(分派和跟踪生产物料)。

三、线边库发料

请参阅项目四中的任务二(分派和跟踪生产物料)。

四、工位接收任务

此功能的入口是MES的工位生产客户端(Android App)。启动App后,进入工位生产客户端主界面(图3-29),此时没有用户登录到工位生产客户端,单击"登入"按钮,系统进入用户登录界面(图3-30)。可以用扫码枪扫描工号的条码进行登录,也可以使用"手动输入条码"功能,用屏幕键盘输入工号进行登录。登录成功后,屏幕上会出现用户的姓名和照片(图3-31)。

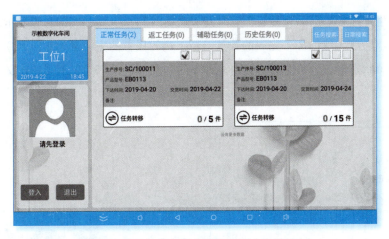

图3-29　工位生产客户端主界面（未登录）

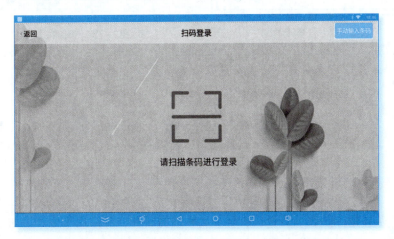

图3-30　工位生产客户端（Android App）用户登录界面

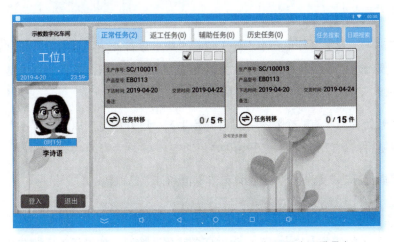

图3-31　工位生产客户端（Android App）主界面（已登录）

系统分四个选项卡显示工位任务列表：正常任务、返工任务、辅助任务和历史任务。工位任务列表中的任务以任务卡片的形式显示（图 3-32）。其中，卡片中部显示的是工位任务的基本信息，包括生产序号、产品型号、下达时间、交货时间；卡片的底部右侧显示的是订单中的产品数量以及本工序工位已加工完成的数量，新下达的任务的完成量为 0；卡片上部右侧显示的是任务的 4 个状态标志，每个标志会由几种不同的图标显示，代表不同的含义（图 3-33、图 3-34）。

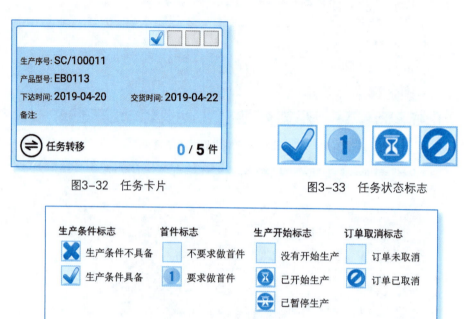

图3-32　任务卡片　　　　　　　　图3-33　任务状态标志

图3-34　任务状态标志的含义

1）"生产条件标志"表示是否接收到了足够的物料和在制品用于生产。如果接收到的物料和在制品至少可以在本工位完成一件产品的加工，则显示为"生产条件具备"；否则，就显示"生产条件不具备"。

2）"首件标志"表示该订单在本工序工位是否要求做首件。要求做首件的意思是，加工第一件产品后，要经过质量检验合格后，才可以继续生产；不要求做首件的意思是，加工第一件产品后无需停顿，就可以把订单要求数量的产品都生产完。

3）"生产开始标志"有三个状态：没有开始生产、已开始生产以及已暂停生产，已暂停生产的任务被恢复后，状态便又回到已开始生产。

4）"订单取消标志"有两个状态：订单未取消和订单已取消。

五、任务转移

在图 3-32 所示的任务卡片上，有一个"任务转移"按钮。如果任务还没有开始生产，则可以被转移到相同工序的其他工位（图 3-35），如果该工序只有一个工位（也就是本工位），则无法转移。如果任务已经开始生产，则不再显示"任务转移"按钮。

图3-35　工位任务转移

六、开始处理一个生产任务

在图 3-31 中找到要处理的生产任务选项卡，单击该选项卡，系统进入该生产任务的工作界面（图 3-36）。

图3-36　工位生产任务工作界面

工作界面的上方显示的是该生产任务所对应的生产编号和要生产的产品型号，可以单击右上角的"详情"按钮查看订单的详细情况。

工作界面中部显示的是本工序的物料清单，以及每种物料的应收数量、已收数量和剩余数量等。向左滑动"物料"清单，系统会翻页到"在制品"清单，显示本工序需要的在制品，以及每种在制品的来源（从哪个前道工序来的）、应收数量、已收数量及剩余数量等（图 3-37）。因为工位 1 对应的工序是工艺生产流程中的首道工序，所以工位 1 不需要接收在制品，在制品清单是空的。但是在工位 3 上就需要接收在制品，因为工位 3 对应的工序是一个装配工序，该工序需要接收来自工序1和工序2的在制品（图3-38）。

图3-37 在制品清单（工位1不需要前序的在制品）

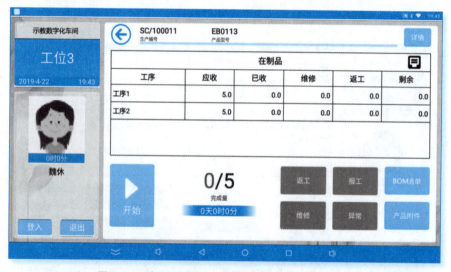

图3-38 在制品清单（工位3需要前序的在制品）

  在物料（或在制品）清单的右上角有一个图标，单击该图标后，系统会弹出一个窗口（标题为"托盘信息"）（图3-39），显示将要接收的物料托盘或在制品托盘（物料或在制品托盘的托盘码以 SC 字母开头，承载内容为"物料"或"在制品"），以及代表本工位存储空间的虚拟托盘（虚拟托盘的托盘码以 GW 字母开头，承载内容为"物料在制品"。被工位接收到的物料和在制品都被放在工位的虚拟托盘中，当前工位1还没有接收任何物料或在制品，所以还看不到工位虚拟托盘的内容）。当线边库已经给本工序完成了发料操作，在这里就可以看到将要接收的物料托盘编码。当前道工序已经给本工序完成了在制品输出操作时，在这里就可以看到将要接收的在制品托盘编码。如果线边库还没有发料，并且前道工序还没有输出在制品，则系统将显示"未查到托盘信息"。当工位虚拟托盘中的内容都被生产消耗掉以后,系统将不再显示该虚拟托盘的信息。

图3-39 物料和在制品托盘信息

工作界面的下方是功能操作区,最左边是"开始"按钮。开始生产加工时,首先要单击"开始"按钮,则系统开始为本任务的加工工作计时,"开始"按钮变为"暂停"按钮。如果中途要暂停生产,则单击"暂停"按钮后系统停止计时,恢复生产后,再单击"开始"按钮,系统又恢复计时。

功能操作区中间显示的是当前工位任务的完成量(例如:0/5,其中5表示当前工位任务的生产目标是生产5件,0表示到目前为止已完成了0件)和累积生产耗时,同时,显示"完成量"的屏幕区域也是一个功能按钮,用于输出本工位加工完成的在制品,单击"完成量"区域,系统会进入在制品输出界面。

功能操作区右边有6个功能按钮("返工""报工""维修""异常""BOM清单""产品附件"),其中"BOM清单"和"产品附件"是信息查询功能,分别查看当前生产产品的BOM清单和生产工艺指导书;"返工""维修""异常"三个功能在正常流程中不会用到,因此不在此详细说明,只有"报工"功能需要在正常流程中使用。

单击"开始""暂停"按钮、输出在制品以及报工等操作都是用手工采集方式为MES采集生产数据。

至此便可以开始工位任务生产了。图3-40所示为车间工位生产的正常流程。所谓正常流程,是指假定在生产中没有发生任何异常情况下的流程,该流程中没有任何处理异常情况的活动。此流程图描述了从线边库发料开始,到工位生产(假设经过三道工序,分别由三个工位加工完成),再到成品检验的流程;图中的矩形框表示在MES中执行的一个功能或者完成的一个操作,六角形框表示在MES外的操作。

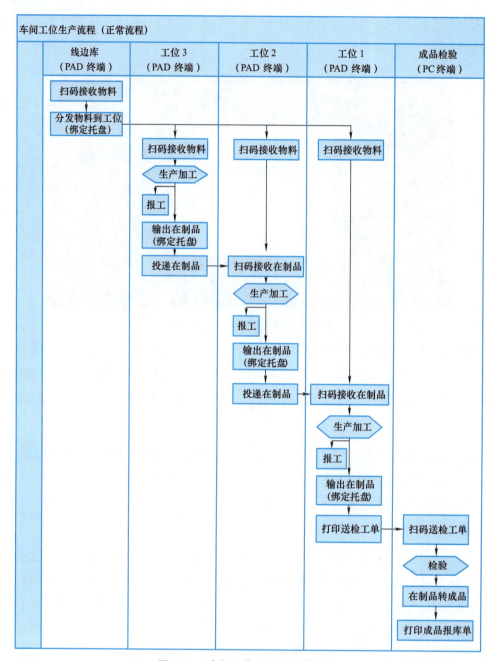

图3-40　车间工位生产的正常流程

七、接收物料

接收物料操作既可以在图3-31所示的工位生产客户端（Android App）主界面中进行，也可以在图3-36所示的工位生产任务工作界面中进行。

如果是在工位生产客户端（Android App）主界面中，用扫码枪扫描线边库发料时绑定的物料托盘上的条码，系统会弹出对话框（图3-41），显示托盘中的物料清单，确认接收后，系统显示"收取物料成功",并会自动进入与接收到的物料对应的生产任务工作界面。

如果是在工位生产任务工作界面中,确认接收后,如果接收到的物料是属于当前任务的,则系统会保持在当前的生产任务工作界面中;如果接收到的物料不是属于当前任务的,则系统会自动进入与接收到的物料对应的生产任务工作界面。

图3-41 托盘中的物料清单

物料被接收后,物料清单中的已收数量发生变化(图3-42),这时如果单击物料(或在单制品)清单右上角的图标,就可以看到工位虚拟托盘的信息(图3-43),表示物料已被接收到工位的虚拟存储空间了。

图3-42 托盘中的物料清单

图3-43 工位虚拟托盘信息

八、接收在制品

接收在制品操作既可以在图 3-31 所示的工位生产客户端（Android App）主界面中进行，也可以在图 3-36 所示的工位生产任务工作界面中进行。

在工位 3 的生产任务工作界面中单击物料（或在制品）清单右上角的图标，就可以看到在制品托盘的信息（图 3-44）。

在工位 3 的生产任务工作界面中，用扫码枪扫描前一道工序输出时绑定的在制品托盘上的条码，系统会弹出对话框（图 3-45），显示托盘中的在制品清单，确认接收后，系统显示"收取在制品成功"；两个托盘的在制品都成功接收后，在制品列表中的已接收数量发生变化（图 3-46）。

如果是在工位生产任务工作界面中，确认接收后，如果接收到的在制品是属于当前任务的，则系统会保持在当前的生产任务工作界面中，如果接收到的在制品不是属于当前任务的，则系统会自动进入与接收到的在制品对应的生产任务工作界面。

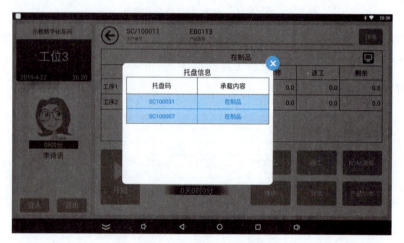

图3-44 在制品托盘信息

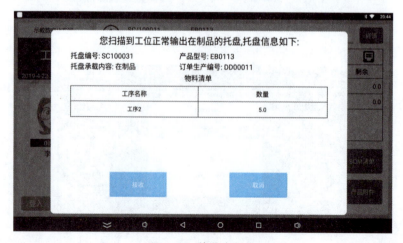

图3-45 接收在制品

图3-46 在制品接收完成

九、开始生产

单击图3-46所示界面上的"开始"按钮,系统开始给当前的工位任务计时(屏幕上有一个按×天×时×分显示的计时器,表示该工位任务的累计生产时间),这时,"开始"按钮变成了"暂停"按钮。如果单击"暂停"按钮,则系统停止计时,"暂停"按钮又恢复成"开始"。

单击"开始"按钮后,下列四个屏幕按钮由灰色(不可用)变成蓝色(可用)。单击"暂停"按钮后,"返工"报工"维修""异常"这四个屏幕按钮由蓝色(可用)变成灰色(不可用)。

十、输出在制品

单击生产任务工作界面的"完成量"区域,如果当前任务还未开始或处于暂停状态,则系统提示"当前工序尚未开始"或"当前工序处于暂停,请先开始",否则,系统会进入在制品输出界面(图3-47)。

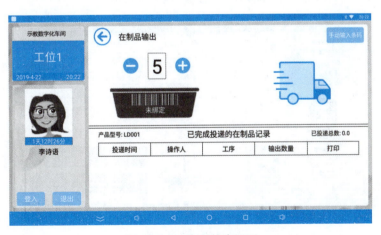

图3-47 在制品输出界面

在制品输出界面的下半部分显示的是"已完成投递的在制品记录"。用扫码枪扫描一个空闲的托盘的条码(或单击"手动输入条码"输入条码编号)进行输出托盘绑定,如果选定的托盘不是空闲的,则系统提示"托盘已被绑定";如果是空闲的,则系统显示"托盘绑定成功",并且托盘编码被显示在屏幕上的托盘图标中(图3-48)。

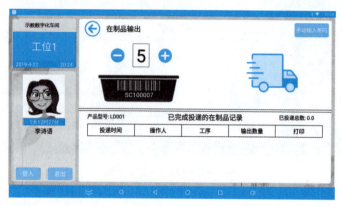

图3-48 在制品输出(已绑定托盘)

根据实际输出产品数量设置输出数量(使用"+"和"-"按钮调整数字),输出数量不能小于0,也不能大于可输出数量。可输出数量是系统根据已接收到的物料、在制品的数量以及产品BOM中规定的物料数量配比计算出来的。

在制品的输出既可以采用顺序移动方式,也可以采用平行移动方式,或顺序加平行混合移动方式。

单击投递按钮(绿色运输车图标),系统弹出数量确认对话框,单击"确认",系统显示"投递成功",并返回到生产任务工作界面,这时"完成量"数字被更新(图3-49)。

一旦"完成量"等于生产目标数量(如5/5),则"暂停"按钮就变成了"结束"按钮,并且"返工""维修""异常"三个按钮都变成灰色(不可用)。

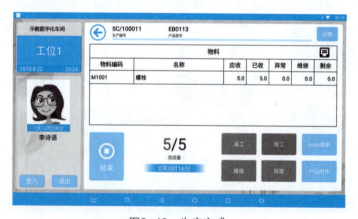

图3-49 生产完成

十一、填报工时

单击"报工"按钮,进入工位报工界面(图3-50)。

生产管理 项目三

图3-50 按加工工步填报工时

选中报工的工步("喷涂"),再设定一个数量(使用"+"和"-"按钮调整数字),然后单击"确认提报",系统首先会判断当前确认提报的报工数据是否适当,当系统发现某个工步的累积上报量超过了生产目标量时,系统会弹出一个对话框,提示"报工数量已超出输出数量,请输入密钥",系统需要验证一个车间管理人员的密钥(授权码)才能接受当前的提报。

在本工位任务结束前,可以多次使用报工功能。

十二、结束一个生产任务

当本工位的在制品输出量等于工位任务的计划量时,本工位任务的加工工作就已经完成,此时生产任务工作界面中的"开始""暂停"按钮就自动变成"结束"按钮,此时需要人工单击"结束"按钮,让系统停止计时。单击"结束"按钮后,系统首先检查报工数据是否完整,如果缺少报工数据,系统会提示生产人员完成报工操作,报工完成后再单击"结束"按钮,系统将正式结束当前的工位生产任务,并返回到工位任务列表,这时,已结束的工位任务不再显示在工位任务列表中(图3-51)。

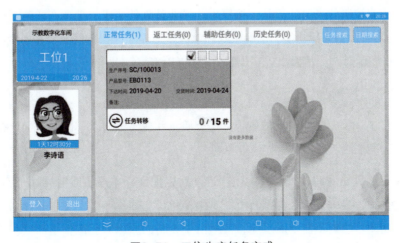

图3-51 工位生产任务完成

任务三　生产跟踪控制与绩效分析

任务描述

通过学习相关知识，了解生产活动跟踪与控制的原理和方法，了解生产绩效的评价标准和方法。

结合一个模拟生产案例，实际体验使用 MES 中的相关功能，完成以下生产跟踪控制和绩效分析的活动：

1）订单跟踪与任务调度。

2）生产情况统计。

3）生产绩效分析。

相关知识

一、生产控制

企业的生产计划是否能够完成由两方面因素决定：①生产计划的合理性；②生产跟踪与控制的及时性和有效性。一旦计划被制订出来了，生产管理的核心任务就是保证计划的贯彻执行。生产计划与生产控制构成了生产管理中的一个闭环。

MES 是生产执行层的管理系统，其中的生产控制是生产执行层的控制活动，也称为生产作业控制。生产作业控制的主要任务是：按照生产作业计划的要求，把生产任务下达到工位，然后通过 MES 的实时数据采集功能，准确跟踪和掌握生产作业的执行情况，并把生产的真实情况反馈给管理人员，由管理人员做出进一步的生产调度决策。

二、生产进度控制

一个生产订单除了有时间进度的要求，还有质量和成本的要求，因此，生产控制也包含三个主要方面：进度控制、质量控制和成本控制。

生产进度控制就是及时检查订单的生产进度，以保证订单产品能够准时完工，按时交货。在计划执行过程中，各种生产条件都有可能发生变化，比如生产设备发生非计划性停机，生产操作人员发生变动，物料不能及时供应，甚至由于物料的原因需要调整生产工艺等，这些变化因素都会使生产计划不能按时完成，因此需要通过一系列有效的控制活动来保证计划的执行，这些活动包括如下内容：

1）进度统计。用统计表或统计图的形式反映生产执行的真实状况。

2）进度预测与情况分析。根据进度统计结果对所有生产订单的完成时间做出预测，并对生产执行情况进行分析，发现影响订单生产进度的瓶颈因素。

3）作业调整。对于有延期风险的订单，需要管理人员做出及时的生产调整，比如适当调整生产作业顺序，把时间紧迫的订单提前安排生产。如果作业计划调整后还无法满足要求，则采取安排必要的加班等措施。

三、生产控制的技术基础

对于多品种小批量的订单式生产，作业控制是比较复杂的，生产调度的难度也越来越大，凭借传统的口头命令或纸质工单的方式，已不能满足生产控制的要求。MES 的引入使企业的生产控制能力大大提高。MES 的数据采集能力使生产数据能够及时进行汇总和统计，MES 的消息推送能力使生产信息能够及时送达生产管理者，部署在车间显著位置的电视大屏幕能够实时显示各种图表和数据，生产状况一目了然；移动通信技术的发展使生产管理者不用再坐在办公室的计算机前，使用智能手机或手持 PAD 设备就可以随时查看生产信息，并发出生产调度指令。

四、基于生产工时的绩效分析

生产管理的核心目标是降低生产成本，提高生产利润，而降低成本的重要抓手是严格控制生产中的变动成本。很多以加工装配为主的离散型制造企业都是人员密集型企业，在这样的企业中，人工成本是一个变化量很大的变动成本。通过生产过程的信息化，可以及时准确地掌握与生产成本相关的各种生产数据，进而分析和确定产品生产率的绩效目标，用于对生产人员的绩效考核与评价，从而促进生产率的提升。

在离散型制造企业中，按照产品生产工艺流程的设计，每个产品都要经过若干道工序的生产，每道工序里边又可以分为若干道工步。企业可以给每件产品的每道工步（或工序）定义一个标准工时。所谓工步（工序）标准工时，就是指一个相对熟练的生产人员在某个工步（工序）上加工一件产品所耗费的时间。有了这样一个标准，就可以对车间的所有生产人员进行基于生产工时的绩效分析。只有 MES 才能帮助企业实现这样的绩效管理。

任务实施

本任务的实施工具如下：

1）MES 的生产管理客户端（Web 页面）。

2）MES 的工位生产客户端（Android App）。

本任务的具体实施步骤如下：

1) 订单跟踪与任务调度。

2) 生产情况统计。

3) 生产绩效分析。

下面按顺序对每个实施步骤进行详细介绍。

一、订单跟踪与任务调度

该功能的入口是 MES 生产管理客户端（Web 页面）主菜单中的"订单追踪"菜单项。

订单追踪的用户界面如图 3-52 所示，当前显示的是 MES 中的订单列表，以及每个订单的详细跟踪和统计信息。

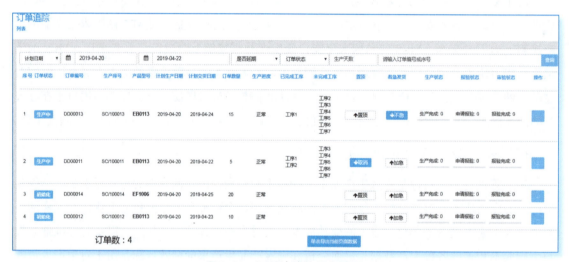

图3-52 订单追踪的用户界面

具体说明如下：

1）查询：系统提供了综合查询功能，可以设置综合查询条件进行订单筛选，查询条件包括按各种日期筛选（计划日期、排产日期和交货日期）、按订单状态筛选、按订单是否延期筛选以及按生产天数筛选。

2）订单状态：订单状态有"初始化"（订单已建立，还未排程）、"已排程"（订单已排程，还未开始生产）以及"生产中"（订单已开始生产）。

3）生产进度：生产进度标志有"正常"（订单未发生延期）和"延期"（订单已延期）。

4）已完成工序：已完成生产的工序列表。

5）未完成工序：未完成生产的工序列表。

6）置顶：将订单打上"置顶"标志或取消"置顶"标志。在工位生产终端上（Android

App），置顶的订单生产任务会被显示在工位生产任务列表的最前面。

7）着急发货：将订单打上"加急"标志或取消"加急"标志。在工位生产终端上（Android App），加急的订单生产任务会被显示在工位生产任务列表的最前面，加急订单比置顶订单还要靠前，要优先生产。

8）生产状态：生产完成的百分比。

9）报验状态：产品申请报验的百分比。

10）审验状态：产品报验完成的百分比。

11）操作：查询出的每条订单信息的最后一列是一个"操作"按钮，单击该按钮会弹出可以对该订单进行所有操作的按钮，其中包括如下按钮：

① 关闭订单静置时间。系统会弹出确认此操作的提示框。

② 订单延期原因管理。只有延期的订单才有此操作。单击该按钮后，进入订单延期原因设置页面，可以勾选原因（可以多选），输入订单延期说明文字，然后单击"提交"或者"取消"。

12）导出查询结果：单击"单击导出当前页面数据"按钮，可以把当前页面中的订单列表导出到一个 Excel 文件。生产管理人员可以根据订单跟踪提供的信息，对生产任务进行调整。

订单置顶是为了通知工位上的生产操作人员，哪些订单需要优先安排生产。为此，系统另外提供了单独入口做订单置顶管理（图 3-53），也可以对订单取消置顶和取消加急（图 3-54），置顶和加急的具体操作与订单追踪界面中的操作一致。

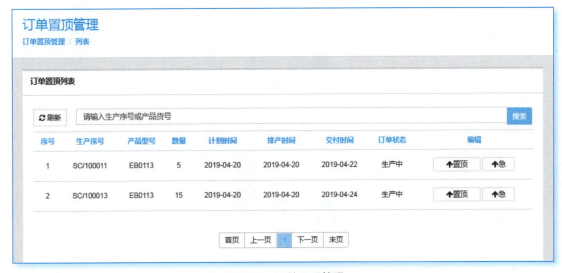

图 3-53　订单置顶管理

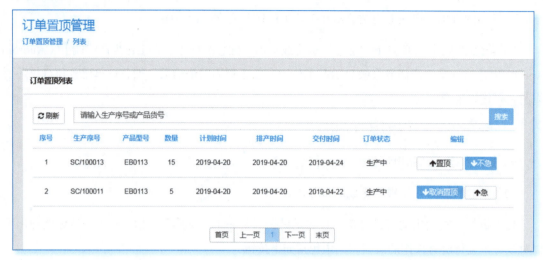

图3-54　取消置顶和取消加急

二、生产情况统计

MES为生产管理者提供了车间生产情况的统计信息（图3-55）。图中左侧显示的是近一周订单生产情况，其中对每天的生产情况给出了三个数据的对比："计划"（计划的产品数量）、"排程"（排程的产品数量）以及"完成"（完成的产品数量）。图中右侧上半部分显示的是每个工序当天的生产情况，包括"待生产"（待生产的数量）和"已生产"（已生产的数量），管理人员可以直观地了解每个工序的生产任务量和完成量，及时了解各个工序的生产进度情况；图中右侧下半部分显示的是每个工序当前的"在线人数"（在岗的生产人员数量），管理人员可以直观地了解整个车间的工人在岗情况。

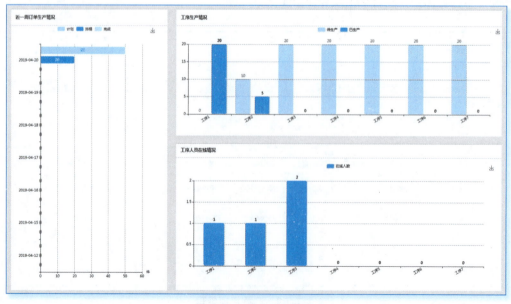

图3-55　生产情况统计

对于当日发货的订单，系统提供了专门的查询页面（图 3-56），便于管理者对这些订单的生产进度进行特别的关注。

今日发货订单

序号	订单编号	生产序号	生产型号	订单数量	计划日期	交货日期	加急发货
1	SFA059185	YD/191216	EC50S8-P6PR-1000.5L6100	13	2019-03-06	2019-03-08	是
2	SFA059182	YD/191215	EC50A8-P6PR-1000.5L6100	44	2019-03-06	2019-03-08	是
3	SFA059140	YC/191213	EB50P8-C4PR-512	30	2019-03-06	2019-03-08	是
4	SFA058874	YN/191200	HV115R16Z-H4PR-1024	6	2019-03-06	2019-03-08	是
5	SFA059221	YD/191172	EC50A10-H6M8R-600.9M5004	10	2019-03-05	2019-03-08	是
6	SFA059188	YD/191171	EC50W15-P6AR-1024	2	2019-03-05	2019-03-08	是
7	SFA059310	YM/191147	EI40A6-P6AR-5000	1	2019-03-04	2019-03-08	是

图3-56　当日发货的订单

对于已发生延期交货的订单，系统提供了专门的查询页面（图 3-57），便于管理者对这些订单的生产进度进行特别的关注。

延期交货订单

序号	订单编号	生产序号	生产型号	订单数量	计划日期	交货日期	延期交货
1	SFA059141	YKB0307	EC50P13T-L5TPR-1024.6MGT04	20	2019-03-07	2019-03-07	是
2	TSC011055	YF/191070	EAM58W15-BF6XXR-4096/8192DP	2	2019-02-28	2019-03-07	是
3	TSC011086	YF/191026	EAC50P13T-BI5XPR-0017.ND	2	2019-02-26	2019-02-28	是
4	SYC007465	20190200001	CE9Y-2500-0L	100	2019-02-25	2019-02-28	是
5	TSC011009	YF/190731	EBB38F8-P6AR-1024	30	2019-01-31	2019-01-31	是
6	SFA058780	YM/190733	ECY35下板	1000	2019-01-31	2019-02-13	是
7	TSC011002	YF/190637	EB58M15K-H4JR-1024.ADT201	1	2019-01-29	2019-01-31	是

图3-57　延期交货的订单

三、生产绩效分析

MES 的工位生产客户端是一个工位数据采集终端，具体采集的数据如下：

1）生产人员在工位终端上的登录记录（包括登录的时间、退出的时间）。

2）每个生产任务的开始生产时间（在工位任务处理界面中单击"开始"按钮的时间）。

3）每个生产任务的结束生产时间（在工位任务处理界面中单击"结束"按钮的时间）。

4）每个生产任务的报工记录（每个工步完成了多少件产品的生产）。

MES 提供了定义每个工步的标准工时的功能，该功能的入口是 MES 生产管理客户端（Web 页面）主菜单中的"工序管理"菜单项。工序管理主界面如图 3-58 所示。

单击"编辑工序"按钮，系统进入编辑工序信息界面（图 3-59）。

图 3-58　工序管理主界面　　　　　图 3-59　编辑工序信息界面（局部）

单击"工步"按钮，进入工步管理界面（图 3-60）。

单击"修改标准工时"按钮，进入工步标准工时设置界面（图 3-61）。

图 3-60　工步管理　　　　　　　　图 3-61　工步标准工时设置

MES 提供了记录每个生产人员每天的管理工时的功能，该功能的入口是 MES 生产管理客户端（Web 页面）主菜单中的"绩效管理"中的"记录管理工时"菜单项。记录管理工时主界面如图 3-62 所示。

图3-62 记录管理工时主界面

MES提供了查看每个生产人员的生产绩效统计结果的功能，该功能的入口是MES生产管理客户端（Web页面）主菜单中的"绩效管理"中的"绩效统计"菜单项。绩效统计主界面如图3-63所示。

图3-63 绩效统计主界面

系统提供了按日期查询绩效数据的功能，可以选择一个起始日期和一个结束日期，然后查询这两个日期之间的绩效情况。查询结果中包括下列数据：

1）在线时间（小时）：生产人员在MES中登录的总时长。

2）工作时间（小时）：生产人员的实际工作时间，是在线时间减去休息时间的结果。

3）管理工时（小时）：非生产时间总时长，如开会的时间等。

4）绩效要求（小时）：根据生产人员的实际产出量和标准工时计算出的标准生产用时。

5）绩效结果（小时）：是绩效要求减有效工作时间的结果（有效工作时间＝工作时间－管理工时）。如果结果是正数，则表示该生产人员的绩效合格；如果结果是负数，则表示该生产人员的绩效不合格。

　　MES 提供了查询每个生产人员在某一天的生产绩效详细情况的功能，该功能的入口是 MES 生产管理客户端（Web 页面）主菜单中的"绩效管理"中的"绩效查询"菜单项。绩效查询主界面如图 3-64、图 3-65 所示，向下拖动屏幕上的滚动条，可以看到所有生产人员的绩效情况。

　　绩效详细情况中显示了每个人的在线时间（单击"查看登录记录"可以看到详细的登录记录）、管理工时，列出了详细的报工记录，最后计算出了理论完成时间和实际完成时间。如果实际完成时间小于或等于理论完成时间，则绩效成绩为"合格"，否则为"不合格"。这里的详细情况数据与图 3-63 中的绩效统计数据是一致的。

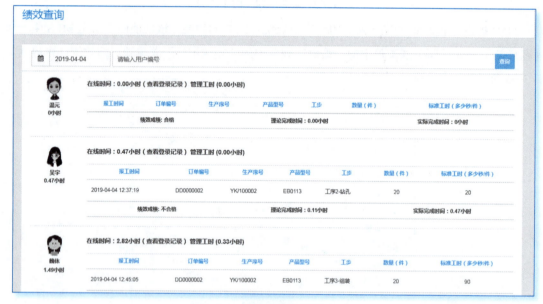

图3-64　绩效查询主界面（1）

图3-65　绩效查询主界面（2）

拓展知识

一、企业的分层生产计划体系

制订生产计划是生产管理中的一项重要活动，其目的是通过把企业管理者的意志转化为实际的生产行动，利用企业的一切资源，实现企业的经营目标。

生产计划管理是一个从宏观到微观、从战略到战术、由粗到细的逐渐深化过程。当市场需求还不太具体时，计划的制订只能根据预测来进行，并且制订出的计划也是粗颗粒度的，计划的时间跨度比较长；而当市场对产品的需求变得较为具体时，才可能做出比较详细的、时间跨度小的生产计划。

企业的生产系统属于企业运作层，而任何一家企业的生产系统的运作都会遵循企业制定的战略目标，因此，企业运作层的所有活动都是在企业决策层的指导下进行的（图3-66）。

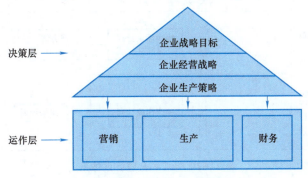

图3-66 企业的分层结构

企业的最高管理层负责制定企业的战略目标，并指导企业运作层的各个部门在运作过程中进行相应的决策。一般来讲，企业的战略目标需要在推导出企业经营战略和企业生产策略后，才能有效地指导各个运作部门的决策。表3-1对企业的战略目标、经营战略和生产策略做了简要的定义和描述。

表3-1 企业战略目标、经营战略和生产策略的定义

	定义	主要内容
战略目标	企业的价值观和经营理念	短期利益和长期利益的关系 企业效益、社会效益及客户利益之间的关系 企业的社会使命
经营战略	为实现战略目标所做的长期性的总体规划	巩固企业的核心竞争力，保持市场份额 建立新的核心竞争力，扩大市场占有率
生产策略	为遵循经营战略在生产职能方面所做的长期谋划	首先确定竞争优势的重点（例如以质量好取胜，或以价格低廉取胜） 然后确定开发的新产品、投产时间表、新增设施、新技术和工艺、重新规划生产

因此，企业的生产计划体系是一个从上至下、从宏观到微观、由长期变短期的分层的计划体系，如图3-67所示。

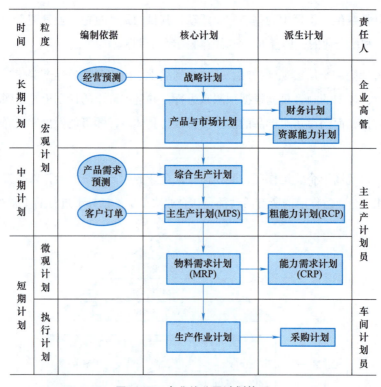

图3-67 企业的分层计划体系

所谓"从上至下"，是指企业按照从决策层到运作层的次序，将战略计划落实到战术计划，不同的管理层要对各自的计划制订活动负责。

所谓"从宏观到微观"，是指从为实现企业的发展总目标而做的产品和市场规划、财务计划以及资源计划，到为完成某一个订单而安排的详细生产作业计划。

所谓"从长期变短期"，是指从为实现企业的长期发展目标而做的规划，到为满足当期的生产需求而做的月生产计划、周生产计划和日生产计划。长期计划的时间跨度一般是一年以上，有些行业可能是5~10年；中期计划的时间跨度通常为一年，对应的就是企业的年度计划；短期计划一般表现为季度计划或月度计划，也可缩短到周和日。

1.战略计划

企业的战略计划是在结合企业的自身能力和外部环境进行分析后做出的经营规划和确定的企业发展总目标。

2.产品与市场计划

产品与市场计划是在企业战略计划的基础上，把企业的发展总目标转化为各个细分市场和各个产品线的发展目标。产品与市场计划还可派生出相应的财务计划和资源能力计划。财务计划是对企业生产所需的资金进行相应的计划和安排，并确认企业的投资回报总目标的可行性。为实现企业的战略目标，资源能力计划对引进人力资源和购置新的生产设备做出规划和安排。

3.综合生产计划

综合生产计划是一种中期的企业生产计划，计划期通常是一年，所以也称为年度生产计划。它的制订目标是有效地利用资源能力，最大限度地满足市场需求并取得最大经济效益。它是衔接长期的战略计划和短期的生产作业计划之间的纽带，起承上启下的作用。综合生产计划的具体内容是：确定企业在计划年度内要生产的产品品种（实际上，产品品种已经在产品与市场计划中经过测算确定了，在综合生产计划中只是重复表述和执行），各种产品的质量指标、产量指标和产值指标等，并进一步将年度的总产量任务按品种和数量安排到各季或者各月中，形成产品出产进度计划，指导企业的生产活动。

4.主生产计划

主生产计划（Master Production Schedule，MPS）确定了每一个具体产品的生产数量、开始生产时间和交货时间。它是对综合生产计划中的产品出产进度计划的细化，它起连接综合生产计划和物料需求计划的桥梁作用，是宏观计划向微观计划的过渡。

5.物料需求计划

物料需求计划也可以简称为物料计划，它把主生产计划中每个产品的生产需求分解成了对相应的原材料和零部件（包括自制零部件和外购零部件）的需求，分解的依据是产品的物料清单。

6.生产作业计划

主生产计划再经过细化和分解，就变成了生产作业计划，也就是说，生产作业计划是主生产计划的具体执行计划。生产作业计划把主生产计划中的产品生产任务进一步分解到车间、工段和工位，成为切实可行的日生产工作计划。

二、生产计划的条件、目标和策略

1.条件

生产计划的制订是在各种信息的支撑下进行的，能够及时准确地获得这些信息是生产计划的前提条件。制订一个完善的生产计划，离不开下列信息的支持：

（1）需求信息　企业的生产分为存货型生产和订货型生产两种。存货型生产是在对市场需求进行预测的基础上有计划地进行生产，所以说，存货型生产的需求信息来源于市场预测。订货型生产是在接收到客户的订单之后才组织生产，因此，订货型生产的需求信息来源于客户订单。

（2）资源信息　生产资源包括原料、资金、燃料和动力，有些来自于企业内部，有些可能来自于企业外部，这些资源都是企业进行产品转化所必需的，掌握这些资源的信息时制订有效的生产计划非常重要。

（3）能力信息　企业的生产能力包括人的能力、技术能力和设备的能力，有企业内部的能力，也有可利用的外部协作能力，这些能力信息也是制订有效生产计划所必需的。

2. 目标

企业生产活动的本质是在有限的生产资源（能力）条件下，通过生产产品来满足用户对产品的需求，进而实现企业的经营目标。企业的生产资源（能力）是有限的，或者说生产资源（能力）是有约束的，因此，在获得了上述各类准确的信息后，生产计划的目标就是为资源（能力）需求与可用资源（能力）之间建立平衡的过程。市场的需求是在不断变化的，企业的生产资源（能力）在一段时期内是相对稳定的，但也会有变化，因此，企业在分层计划体系中的每一层都在动态地寻求企业资源（能力）需求与可用资源（能力）之间的平衡，并不断地进行计划决策。

3. 策略

生产计划管理的目标之一是提高生产计划的有效性，这也是一项非常重要的目标。为提高生产计划的有效性，在制订计划时，应采取以下策略：

（1）保证信息的准确性　不准确的数据不可能产生准确的生产计划。特别是在企业走向信息化的过程中，一定要加强基础数据的管理，尽量做到数据集中统一，减少冗余；如果存在必要的冗余，一定要建立好数据同步的机制。

（2）做好生产计划的综合平衡　所谓生产计划的综合平衡，就是在制订生产计划时要综合考虑影响生产的各方面因素，平衡不同资源的矛盾和冲突，最大限度地挖掘生产潜力。要考虑的综合平衡点和平衡目标见表3-2。

表 3-2　生产计划的综合平衡点和平衡目标

综合平衡点	平衡目标
生产计划与需求的平衡	最大限度地满足需求
生产计划与生产能力的平衡	计划不能超出生产能力，保证有足够的生产能力完成生产计划
生产计划与物资供应的平衡	保证物资供应
生产计划与成本财务的平衡	生产所需资金投入有保证，完成生产成本控制指标，提高经济效益

（3）采用先进的计划方法和工具　为了提高生产计划的有效性，要采用先进的计划方法，并借助计算机技术的帮助。以多品种小批量为特点的离散型制造业，凭借管理者的经验已不能胜任复杂的生产计划工作，必须使用生产计划软件工具。

（4）提高计划的生产执行力　只有在生产现场的执行层面提高执行力，生产计划才能实现。

因此需要加强生产现场的组织、调度等管理工作。

（5）建立及时的信息反馈机制　生产计划制订以后，还需要根据生产条件的变化进行及时的调整，为此需要建立信息反馈机制，使计划管理人员及时得到生产过程的反馈信息，以及为生产计划提供信息的其他部门的反馈信息。

以上五项策略都可以通过在企业的生产执行层实施的 MES 中得以实现。

三、业务层的生产计划方法

在企业的分层计划体系中，从战略计划到主生产计划都属于业务层的生产计划。根据各层次计划的特点，企业往往会分别采用不同的、有针对性的计划方法。下面介绍几种业务层常用的计划方法。

1. 滚动式的综合生产计划方法

综合生产计划属于企业的中期生产计划，计划期一般为一年，通常会采用近细远粗的编制方法。对于近期，企业对需求和生产条件都掌握得很详细和具体，因此计划可以很详细；而对于远期，由于市场存在不确定性，因此计划可以粗一些。滚动式的综合生产计划方法（简称滚动计划法）的具体编制方法是：在编制完一个"近细远粗"的计划并开始实施后，每经过一个固定的时期（滚动期）便根据计划的执行情况、市场需求的变化情况以及企业生产条件变化的情况，对原计划进行及时和必要的调整。调整后的计划将保持计划期长短与原计划一致，而计划的起始时间将比原计划的起始时间前移一个滚动期。调整后的计划还是一个"近细远粗"的计划，只是原计划中的详细计划部分已被执行完了，而紧跟其后的一部分粗略计划已在调整后的计划中变为了详细计划。图 3-68 所示为一个滚动计划法的例子，其中的计划期为一年，滚动期为一个季度。

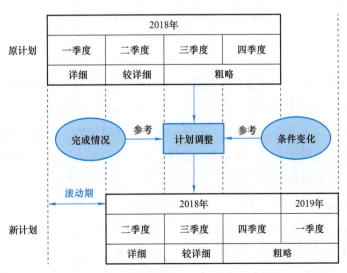

图3-68　滚动计划法示例

2. 测算产量指标的盈亏平衡分析法

有这样一个现象：一家企业研发了一个新产品并已开始投产和销售，在初始阶段这个产品并不赚钱，但在累积了一定的销量以后，企业开始在这个产品上赚钱了。在这个现象的背后，实际上隐藏着产品的生产成本、销量（或产量）和销售利润这三个变量之间一定的关系。产品的生产成本由两部分构成：固定成本和变动成本。固定成本是指其总额在一定期间内不随产量的增减而变化的成本，主要包括固定资产的折旧和管理费用等，也就是说，无论生产 1 件或者 10 件该产品，都会承担相同总额的固定成本。变动成本是指其总额随产量的增减而成正比例关系变化的成本，主要包括原材料和人工工时费用等，产量每增加一件，就要多消耗一份原材料，多支付一份计件工资。以上述成本形态为基础，可以将生产成本、产量和利润三者的关系绘制成一张图，即盈亏平衡图（图 3-69）。

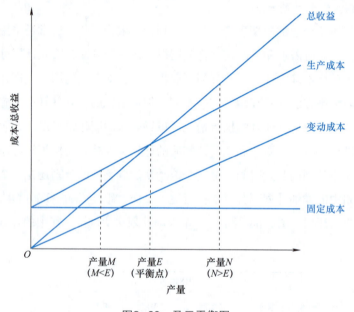

图 3-69 盈亏平衡图

图中的横坐标表示产品的产量，纵坐标表示生产成本/利润。固定成本不随产量的增减而变化，是一个常量，在图上表现为一条水平线。变动成本是一条通过坐标原点的斜线，表示随着产量的增加，变动成本的总额在增加，这条斜线的斜率就是单个产品包含的变动成本。固定成本和变动成本叠加后就形成了一条生产成本线。总收益也是一条通过坐标原点的斜线，表示随着产量的增加，企业的总收益在增加（这里假设生产出的产品都能卖掉），这条总收益线的斜率就是单个产品的售价。在图 3-69 中，总收益线与生产成本线相交于一点，该交点对应一个产量值（例如图中的产量 E）。企业生产的产品到达这个产量时，累积的生产成本与总收益相等，企业在这个产品上处于保本状态（利润等于 0）；当产量小于这个值时（例如图中的产量 M），累积的总收益小于累积的生产成本，企业在这个产品上处于亏损状态（利润小于 0）；当产量大于这个值时（例如图中的产量 N），累积的总收益大于累积的生产成本，企业在这个产品上处于盈利状态（利润大于 0）。该交点被称为盈亏平衡点。

以上介绍的以成本形态为基础，对生产成本、产量和利润三者的关系进行分析的方法就是盈亏分析法。盈亏分析法是企业为某个产品确定产量目标时常用的方法。

3. 用于确定产品产量最优组合或选择订单的线性规划法

线性规划法是在明确的约束条件下，寻求目标函数的极值（最大值或最小值），以获得最优方案的方法。

当企业要生产的产品品种确定以后，接下来就要确定每种产品的计划生产数量，以便使企业的生产利润最大化。一般采用线性规划法来确定每种产品的计划生产数量。

假设企业确定的产品品种有 3 个，分别是 P_1、P_2 和 P_3，每种产品都要使用 3 种原料进行生产，并且 3 种原料的配比都不一样，而 3 种原料的供应量是有限的（表 3-3）。在已知每种产品单位利润的前提下，企业需要确定每种产品产量的最优组合，使企业的利润最大化。

表 3-3 用于安排产量的基础数据

	P_1 的原料配比	P_2 的原料配比	P_3 的原料配比	原料最大供应量
原料 1（份）	2	2	3	400
原料 2（份）	1	4	4	500
原料 3（份）	3	3	5	300
单位利润（元）	20	25	30	

假设 P_1、P_2 和 P_3 的产量分别为 x_1、x_2 和 x_3，3 种产品的利润总额为 Z，则目标函数为

$$Max\ Z = 20x_1 + 25x_2 + 30x_3$$

原料约束条件为

$$\begin{cases} 2x_1 + 2x_2 + 3x_3 \leq 400 \\ x_1 + 4x_2 + 4x_3 \leq 500 \\ 3x_1 + 3x_2 + 5x_3 \leq 300 \\ x_1,\ x_2,\ x_3 \geq 0 \end{cases}$$

最后解出的 x_1、x_2 和 x_3 的值就是 3 种产品产量的最优组合，具体解法这里不再赘述。

如果企业采用订货型生产方式，当企业接到很多订单请求，而企业的生产能力不够时，一般要对订单进行有选择的生产，以达到利润最大化。还是以表 3-3 的数据为例，则目标函数为

$$Max\ Z = 20x_1 + 25x_2 + 30x_3$$

原料约束条件为

$$\begin{cases} 2x_1 + 2x_2 + 3x_3 \leq 400 \\ x_1 + 4x_2 + 4x_3 \leq 500 \\ 3x_1 + 3x_2 + 5x_3 \leq 300 \\ x_1, x_2, x_3 = 0 \text{ 或 } 1 \end{cases}$$

这里，x_1、x_2 和 x_3 不再是 3 种产品的产量，而是 3 种产品的决策变量，取 1 表示接受订单，取 0 表示不接受订单。这是线性规划法的一种特例，也被称为 0-1 整数规划法。

四、高级计划排程（APS）

在离散型制造企业，高级计划排程（Advanced Planning and Scheduling，APS）是为解决多工序、多资源的优化调度问题而引入的生产排程工具。它是一种根据生产能力的瓶颈进行动态排程的方法，它在做出生产排程决策时，会充分考虑能力约束、原料约束、需求约束、客户规则，以及其他各种各样的实物和非实物约束，它是一个实时的排程工具。APS 可以是一个独立的软件工具，与企业的 ERP 系统和 MES 集成后发挥高级排程的作用；APS 也可以作为 MES 的一部分，为企业的生产执行提供高级排程功能。

在企业的生产排程系统中引入 APS 的前提条件是对企业的生产工艺模型的完整定义，因为排程的逻辑是由生产工艺模型决定的。从理论上讲，只要能够精确地定义生产工艺流程，APS 系统就可以进行自动排程。

APS 可以在一定程度上帮助企业解决生产中遇到的问题，例如订单变更、生产设备异常、人员变动、延迟交货及产能不足等。对于订单变更、生产设备异常等变动情况的发生，APS 可以通过快速重排实现生产计划的实时变更；对于延迟交货的问题，APS 可以通过模拟排程帮助企业实现货期预估，从而提高交货的准确性，提高客户满意度，减少由延迟交货带来的损失；对于产能不足的问题，APS 可以进行准确的预测，帮助企业提前做出增加设备、扩充人力资源等扩充产能的决策。

五、精益生产

1. 精益生产的起源

20 世纪初，美国福特汽车公司建立了全球第一条汽车生产线，从此，大规模生产方式便以成本低、效率高的优势成为现代工业生产的主流。但是，随着市场逐渐进入需求多样化的发展阶段，大规模生产方式开始暴露出弱点，最先发现这个问题的是日本的汽车生产企业——丰田汽车公司。日本的汽车市场比美国小很多，但客户的需求却是多样化的，因此日本的汽车工厂必须面对多品种小批量的市场需求。在此市场背景下，丰田汽车公司开始考虑建立更灵活和更具弹性,并能提高生产效率和降低成本的生产方式和管理办法。最终,丰田汽车公司的探索获得了成功,它制造出了质量更高、成本更低的汽车;丰田汽车公司的成功也带动了全球制造产业的变革。丰田汽车公司的先进生产方式后来被麻省理工学院的专家命名为精益生产(Lean Production)方式,以此作为对丰田先进生产管理思想和方法的肯定。

2. 精益生产的目标

(1)精益生产追求零库存　库存对于大多数企业来说是必不可少的,它可以用来防止产品短缺,化解供需矛盾。但库存要占用资金,减少企业的利润;而更为严重的是,库存会掩盖企业生产系统中存在的问题,如设备故障、生产能力不平衡、物料供应不及时等,因为即使出了问题造成生产停顿,也会有库存来帮忙化解矛盾,而出现的问题却得不到应有的重视,得不到及时解决。一个企业的库存水平越高,对问题的掩盖越深,因此有库存为"万恶之源"之说。

(2)精益生产追求高柔性　所谓高柔性,是指企业的生产组织形式灵活,能快速适应市场需求的变化,及时组织多品种小批量的生产,提高企业的市场竞争力。

(3)精益生产追求零缺陷　由于采用精益生产的企业不再依赖库存,因此必须重视生产的每一件产品的质量。为了做到这一点,必须从每一个生产环节入手,把产品质量问题解决在萌芽阶段。

3. 精益生产的核心

精益生产的核心是准时生产制(Just in Time, JIT)。所谓准时,就是在必要的时刻生产必要数量的产品或零部件。JIT将传统的"推式生产系统"改变成了"拉式生产系统",实现了按需生产。

推式生产系统的生产计划与控制方式是:根据产品合同订单量和产品库存量确定产品产出量,并按照生产工艺路线的定义,依次确定各个工序的产出量和物料投入量,然后向各个工序下达生产任务。在生产过程中,每一道工序都把加工出的在制品向后道工序传递,并通过MES的信息采集功能把实际完成情况反馈给生产计划管理人员。这种生产方式是按照工艺加工的顺序从前往后推。

拉式生产系统与推式生产系统的不同之处是:生产任务只下达给最后一道工序,这项任务的下达实际上是由顾客对产品的需求来启动的;前道工序根据后道工序对在制品的需要而生产,后道工序需要多少,前道工序就生产多少,是后道工序准时拉动前道工序的生产。这种生产方式达到的生产效果是:必要的物料在必要的时间以必要的数量到达必要的工序,前道工序只生产要被后道工序领取走的那部分在制品,一直向上,直到从物料库拉动物料到生产车间,如图3-70所示。

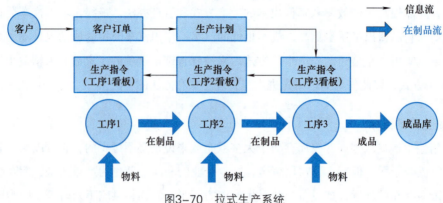

图3-70 拉式生产系统

4.精益生产的现场控制技术

在采用拉式生产系统进行生产计划与控制的过程中,生产任务或生产指令只下达到最后一道工序,然后通过后道工序向前道工序领取在制品,逐渐将生产的需求信息从工艺路线的下游向上游传递。当年丰田汽车公司发明了一种卡片,该卡片上包含如下信息:什么工序在什么时候需要多少数量的什么在制品。后道工序的生产作业人员将这个卡片传递给前道工序,前道工序上的生产作业人员按照卡片上的要求进行生产。因此,一张小小的卡片就把生产过程中的每道工序连接在一起,有效地控制了生产过程。

因为"卡片"一词的日文写法是"看板",所以就把这种卡片称为"看板"。看板是传递生产信息的载体,这种载体除了有卡片形式的,还会有灯光信号或者电子告示牌等形式的,总之是一种看得见的信息载体,也称为信息可视系统。利用可视系统进行生产管理的方法被称为"看板管理"。

MES能够让企业的生产实现无纸化,再也不用"卡片"来传递信息了。MES提供了各种终端,如工位生产客户端、生产管理客户端和车间大屏幕等,实现了可视化的电子看板管理。

六、敏捷制造

企业的产品制造过程由一系列环节和活动构成,每个环节和活动都是一个价值增值的过程,这些环节和活动构成了企业的价值链。在这条价值链上的增值活动中,企业创造价值的能力往往是不平衡的,企业很难在所有的增值环节上都有竞争优势,因此,企业必须根据自身的特点和优势,确定核心业务,把自己不擅长的非核心业务外包出去,构建一个合理的供应链网络。另外,当今的市场变化太快,单个企业仅仅靠自身的生产能力调整已很难赶上市场变化的速度。为了解决大部分企业面临的这些问题,一个以构建虚拟企业或动态联盟为基础的敏捷制造模式应运而生。

虚拟企业是一个由可以快速重构的生产单元构成的扁平组织结构,是一个企业为了满足客户订单的具体需求,借用外部资源进行生产过程的整合,使参与合作的多方实现无缝融合的结构。

这个结构就像在同一个企业内运作的虚拟组织，一旦生产任务完成了，这个虚拟组织就解散了。

制造业的发展趋势是更强调生产柔性，快速满足客户的个性化需求，这就促使企业不断扩充外包的内容，从最初的原材料和零部件的外包，到更多服务环节的外包，如运输、仓储、设备维护、人力资源和产品设计等。

敏捷制造的另一个说法是供应链协同商务，它是将具有不同优势的企业，通过运用先进的产品研发技术、产品制造技术、生产管理技术、信息技术和生产过程控制技术，对整个供应链上的信息流、物流、资金流、业务流和价值流进行有效的规划和控制，从而将客户、产品研发中心、供应商、制造商、销售商和服务商等合作伙伴连接成一个完整的网络结构，形成一个具有竞争力的供应链协同商务联盟。

在将企业的组织和运行模式转向敏捷制造和动态联盟时，需要在联盟的企业之间实现必要的数据和信息共享。例如，由三家企业（企业 A、企业 B 和企业 C）组建了一个虚拟的企业联盟，共同生产一款市场急需的产品，其中企业 A 作为联盟的主体需要把产品的设计信息以及生产需求信息传递给企业 B 和企业 C，并可以在生产过程中随时了解企业 B 和企业 C 的生产进度情况和质量情况，还可以帮助企业 B 和企业 C，随时解决生产问题；同时，企业 B 和企业 C 在安排生产作业计划时，可以把对方的闲置加工设备当成本方的生产资源加以利用，统一编排生产计划。对于这样的生产场景需求，仅仅依靠三家企业各自的 MES 系统是不够的，他们需要一个跨企业、跨行业、跨地域的信息技术框架来支持协作生产运行。理想的解决方案是一个基于工业互联网平台的供应链管理系统，它以建立企业间的资源关系和优化利用为目标，通过平台与企业信息化系统（包括 ERP、MES 等）的紧密连接，支持企业间的资源共享和信息集成，实现真正的敏捷制造。

项目四 PROJECT 4

物料管理

知识目标

1. 理解物料管理活动的目标和基本方法。
2. 了解库存运行管理的活动模型。

技能目标

1. 学会使用 MES 管理生产物料库存。
2. 学会使用 MES 管理成品库存。
3. 学会使用 MES 分派和跟踪生产物料。

项目背景

物料管理是对企业在生产中使用的各种物料的采购、保管和发放环节进行计划与控制等管理活动的总称。物料管理是企业生产执行的基础，它接收来自生产执行层的物料请求，通过一系列物料管理活动的执行，对生产执行层进行及时的物料响应，生产执行层再根据物料响应结果做进一步的生产执行决策。物料管理主要实现收料管理、物料仓储管理和发料管理三个基本功能。

企业的生产活动是把物料转化为产品的活动，在转化过程中还会有中间产品或在制品产生，所以，从广义的角度讲，物料管理的对象包含三个内容：物料、中间产品或在制品、最终产品。

在面向库存的生产企业中，生产是按照基于销售预测的生产计划进行的，因此物料的采购也是按照计划来进行的，物料管理活动的目标是要满足计划性的生产要求，因此企业要维持一定的库存量，包括物料库存和产品库存。

在面向订单的生产企业中，生产是按照客户订单进行的，因此物料的采购是拉动式的，这就是前面提到的精益生产方式。精益生产方式的核心是准时制生产，企业追求零库存，包括物料库存和产品库存，但这种生产方式对供应链的管理提出了更高的要求，必须能够保证物料供应商及时满足生产企业的物料需求。

本项目的内容将在下列两个任务中展开：

1）任务一　管理生产物料。

2）任务二　分派和跟踪生产物料。

任务一　管理生产物料

任务描述

通过学习相关知识，了解企业在生产过程中对物料的管理方法；结合模拟订单生产案例，实际体验 MES 中的物料管理相关功能，并完成从"销售订单驱动物料采购"到"产成品出库完成用户交付"的库存管理过程。

相关知识

在 ISO/IEC 62264 系列标准中，库存运行管理被定义为四大生产范畴之一，支持生产运行活动[3]。库存运行管理活动模型如图 4-1 所示。

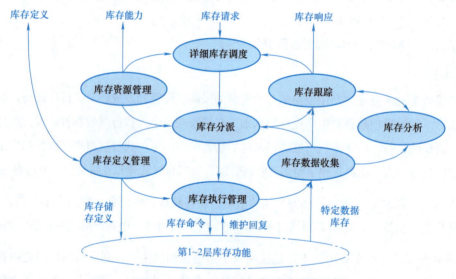

图4-1　库存运行管理的活动模型

工作中心之间及内部频繁发生物料转移，该模型定义了与这些物料转移任务相关的库存运行管理活动，即执行什么转移活动以及活动之间的相关顺序。

1）库存定义：与物料移动和存储相关的规则和信息。

2）库存能力：特定时间范围内存储物料能力的度量。

3）库存请求：工作中心之间转移物料的请求。

4）库存响应：对库存请求的回应，表示请求的完成情况（成功或不成功）。

5）库存定义管理：管理有关物料转移规则的信息、管理新的库存定义以及管理库存定义的变化等。

6）库存资源管理：提供人员/物料/设备资源的定义、提供有关资源能力的信息以及管理库存规模等。

7）详细库存调度：创建/维护详细库存调度、实际移动与计划移动的对比以及决定每项使用的资源承担的产能等。

8）库存分派：一组分配和发送库存工作指令给适当库存资源（由库存定义和库存调度确定）的活动。

9）库存执行管理：一组指导工作实行的活动，由库存分派单指定。

10）库存数据收集：一组收集和汇报有关库存运行和物料操作数据的活动。

11）库存跟踪：一组管理有关库存请求和库存运行报告的信息的活动，包括相关转移效率和库存资源使用率。

12）库存分析：一组通过分析库存效率和资源使用情况以改善运行的活动。

在 MES 中，主要关注车间内部的库存运行管理，即物料在车间内的转移和使用。更具体地说，车间库存运行管理关注的是与具体生产订单对应的物料转移活动。

生产企业的物流仓库分成两种（图 4-2）：常规库（总厂库房或分厂库房）和生产线边上的暂存库，后者又称为线边库。线边库作用是：支持生产线的不间断生产，提高加工和装配效率。

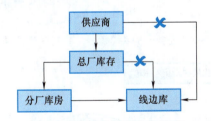

图4-2　生产企业的仓库构成

在车间中，除了线边库，工位也是物料暂存区。车间库存的运行活动主要分成三部分：①从常规库领料到线边库，或退还物料到常规库；②从线边库将物料运送到工位，或者从工位退还到线边库；③将成品转移到分厂库房或总厂库房。本任务将介绍如何进行上述活动。

任务实施

本任务的实施工具如下：

1）MES 库存管理客户端（Web 页面）。

2）一个 Excel 格式的销售订单文件模板。

本任务将按照图 4-3 和图 4-4 所示的流程实施。

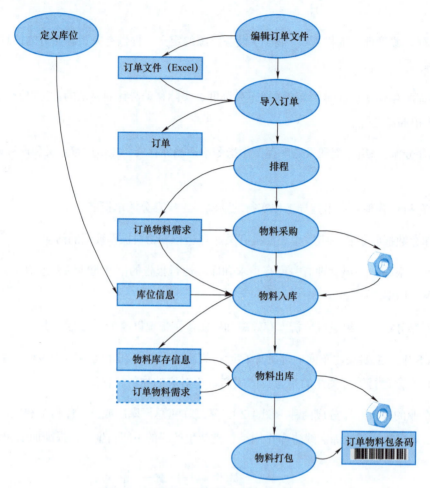

图4-3 任务一的实施流程（物料库存管理）

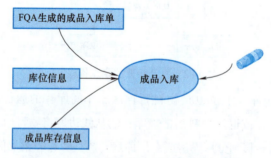

图4-4 任务一的实施流程（成品库存管理）

图 4-3 所示为物料库存管理流程，其中包括如下实施步骤：

1）定义库位。

2）编辑订单文件。

3）导入订单。

4）排程。

5）物料采购。

6）物料入库。

7）物料出库。

8）物料打包。

其中，编辑订单文件、导入订单以及排程这三个步骤已经在项目三的任务实施中详细介绍了，在本任务中再次提及是为了承上启下，因此不再对这三个步骤的操作进行详细介绍。在本书的 MES 实训案例中，从项目三的任务实施中编辑和导入的订单是模拟从企业 ERP 系统传过来的销售订单，为了简化实施的流程，这里把销售订单直接映射成了车间的生产订单，同时也直接派生出了物料的采购订单。

图 4-4 所示为成品库存管理流程，其中只涉及成品入库。

下面按顺序对每个实施步骤进行详细介绍。

一、定义库位

库位是物料或成品在仓库中的存放位置，分为物料库库位和成品库库位。为了能在后续的步骤中进行物料和成品的入库操作，需要首先定义库位。

物料库库位管理的入口是 MES 库存管理客户端（Web 页面）主菜单中的"物料库库位管理"菜单项。

物料库库位管理界面如图 4-5 所示，当前显示的是已经添加到 MES 中的库位列表。列表中显示的物料库库位信息包括库位编号、库位状态、库位位置和库位说明。可按照库位编号搜索列表中的数据。

图4-5　物料库库位管理界面（库位列表）

每条库位信息的后面有几个功能按钮，这些功能按钮的用途如下：

1）"编辑"按钮：编辑库位信息。

2）"停用该库位"按钮或"启用该库位"按钮：处于启用状态的库位可以被停用，处于停用状态的库位可以被启用。

3）"库存情况"按钮：可以查看库位的库存情况（图 4-6），显示的内容包括物料编号、物料名称、物料数量和入库时间。

图4-6　物料库库位库存情况

可使用"添加新库位"功能进行物料库库位添加（图 4-7）。

图4-7　添加新物料库库位

成品库库位管理的入口是 MES 库存管理客户端（Web 页面）主菜单中的"成品库库位管理"菜单项。

成品库库位管理界面如图 4-8 所示，当前显示的是已经添加到 MES 中的库位列表。列表中显示的成品库库位信息包括库位编号、库位状态、库位位置和库位说明。可按照库位编号搜索列表中的数据。

图4-8　成品库库位管理界面（库位列表）

图 4-8 中的每条库位信息的后面有几个功能按钮，这些功能按钮的用途如下：

1）"编辑"按钮：编辑库位信息。

2）"停用该库位"按钮或"启用该库位"按钮：处于启用状态的库位可以被停用，处于停用状态的库位可以被启用。

3）"库存情况"按钮：可以查看库位的库存情况（图 4-9），显示的内容包括报验入库单号、订单编号、产品型号、产品货号、入库数量和入库时间。

图4-9　成品库库位库存情况

可使用"添加新库位"功能进行成品库库位添加（图 4-10）。

图4-10 添加新成品库库位

二、编辑订单文件

订单文件要基于系统提供的 Excel 模板编辑而成，此文件模拟一个从企业 ERP 系统传过来的销售订单。此步骤已在项目三中实施，这里不再赘述。

三、导入订单

将 Excel 文件中的销售订单导入 MES，成为 MES 中的生产订单。此步骤已在项目三中实施，这里不再赘述。

四、排程

对生产订单进行生产排程。此步骤已在项目三中实施，这里不再赘述。

五、物料采购

本任务实施模拟物料拉动式生产，仓库根据生产排程后产生的订单物料需求进行物料采购。此步骤在 MES 上没有对应的操作。

六、物料入库

物料采购到货后，仓库进行物料入库操作。该功能的入口是 MES 库存管理客户端（Web 页面）主菜单中的"物料入库管理"菜单项。

物料入库管理界面如图4-11所示，显示的是物料采购订单列表。列表中显示的物料采购订单信息，包括订单编号采购单生成日期；每个采购订单下面列出了该订单中包含的物料清单，显示的物料信息包括物料编号、物料名称、计划采购数量、已采购数量（已入库数量）和最近一次采购时间（最近一次入库时间）。

图4-11 物料入库管理界面（物料采购订单列表）

单击"原材料入库 - 点我"，系统进入物料入库界面（图4-12），选择入库库位，输入入库数量，然后单击"立即入库"，系统会在弹出入库结果提示后刷新页面，显示物料的最新"剩余可入库数量"。

图4-12 物料入库

可使用 MES 库存管理客户端（Web 页面）主菜单中的"物料入库历史信息查询"功能查看物料入库历史信息（图 4-13）。

图4-13　物料入库历史信息

七、物料出库与打包

物料入库后，仓库进行物料出库操作。该功能的入口是 MES 库存管理客户端（Web 页面）主菜单中的"物料出库管理"菜单项。

物料出库管理界面如图 4-14 所示，当前显示的是已经排程确认的生产订单列表。

图4-14　物料出库管理界面（已经排程确认的生产订单列表）

单击某个订单行后面的"绑定包裹"按钮，系统进入该订单物料出库并绑定物料包裹（简称物料包）界面（图4-15）。首先按照物料需求和仓位指引准备好所有的物料，打好一个物料包裹，然后输入一个可用的条码编号（查找可用物料包裹条码的方法见稍后的说明），最后单击"绑定"按钮，绑定成功后，把条码粘贴到物料包裹上。至此便完成了物料出库并打包操作，可以把物料包裹送往车间的线边库。

图4-15 物料出库并绑定物料包裹界面（物料需求列表）

单击某个订单行后面的"查看包裹"按钮，可以查看已出库并绑定的物料包裹（图4-16）。

图4-16 订单已出库的物料

可使用 MES 库存管理客户端（Web 页面）主菜单中的"物料包条码"功能查看系统中已经生成好的物料包裹条码，系统标注了哪些条码已经被使用，哪些条码可以使用（图4-17）。

图4-17 系统生成的物料包裹条码

可使用 MES 库存管理客户端（Web 页面）主菜单中的"物料出库历史信息查询"功能查看物料出库历史信息（图 4-18）。

图4-18 物料出库历史信息

八、成品入库

成品通过 FQA 的检验后，就可以凭 FQA 出具的入库单进行成品入库操作了。该功能的入口是 MES 库存管理客户端（Web 页面）主菜单中的"成品入库管理"菜单项。

成品入库管理界面如图 4-19 所示，当前显示的是经 FQA 生成的入库单列表，该列表并不与生产订单一一对应，因为一个生产订单的产品可以被分批次进行 FQA 检验。单击列表中某行后面的"立即入库"，系统进入成品入库操作界面（图 4-20），在选择了库位并输入了入库数量了以后，单击"提交"按钮完成成品入库操作。

图4-19 成品入库管理界面

图4-20 成品入库操作界面

可使用MES库存管理客户端（Web页面）主菜单中的"成品入库历史信息查询"功能查看成品入库历史记录（图4-21）。

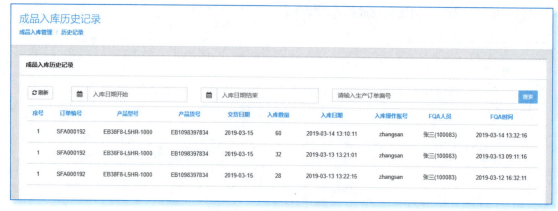

图4-21　成品入库历史记录

任务二　分派和跟踪生产物料

任务描述

通过学习相关知识，了解企业在生产过程中对物料的分派与跟踪管理；结合模拟订单生产案例，实际体验 MES 中的物料分派与跟踪管理相关功能，并完成从"线边库收料"到"工位接收物料"的物料分派与跟踪管理过程。

相关知识

在生产制造领域，不同的企业会根据自身的生产特点设计不同的物料分派流程。例如，有些企业会根据产品工序物料需求，把物料从库房出库后直接配送到工位，实现物料的精准配送。在某些自动化程度更高的企业，会采用物流传送带或 AGV 的方式进行物料的配送，并由自动的上料工具把物料送上工位；在另一些企业，可能会采用两次分派的形式：库房把物料包送到车间是一次分派，车间再把物料精准配送到工位是二次分派。

本任务采用的物料分派方式是两次分派：物料从库房出库以后，以物料包裹的形式被送到车间，车间收到物料包裹后，要对物料进行二次分配。MES 为车间提供了收发物料的终端，可以使车间实现物料到工位的精准配送。

有些生产企业还在车间设置一个物料的缓冲区或临时存储区，称为线边库，库房发来的物料先被收进车间的线边库，然后再从线边库分派物料到工位。对于某些订单的物料，库房分派的数量可能会多于订单生产需要的物料数量（比如库房可能将物料按照整包或整箱出库），车间收到的多余物料就被存储在线边库。

本任务不考虑设置线边库库存，物料库房将严格按照订单物料需求的数量进行一次分派，线边库收进的物料都会被直接二次分派到工位。

任务实施

本任务的实施工具如下：

1）MES 的生产管理客户端（Web 页面）。

2）MES 的线边库收料客户端（Android App）。

3）MES 的线边库发料客户端（Android App）。

4）MES 的工位生产客户端（Android App）。

本任务将按照图 4-22 所示的流程实施，其中包括如下实施步骤：

1）线边库收料。

2）线边库发料。

3）工位跟踪物料。

4）工位接收物料。

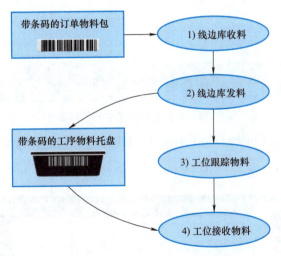

图 4-22　任务二的实施流程（分派和跟踪生产物料）

下面按顺序对每个实施步骤进行详细介绍。

一、线边库收料

此功能的入口是 MES 的线边库收料客户端（Android App）。启动 App 后，进入线边库收料主界面（图 4-23）。界面中显示的是已经收到的物料包；一个生产订单的物料可以分散在多个物料包中，一个物料包中也可以包含多个生产订单的物料。当一个物料包中的所有物料都通过线边库分料 App 完成分料后，该物料包就不显示在这个界面中了。单击界面中的物料包，可以看到其中的物料清单（图 4-24）。

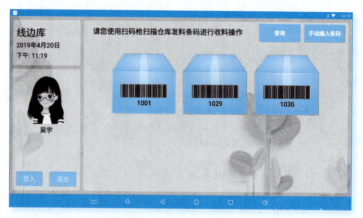

图 4-23　线边库收料主界面

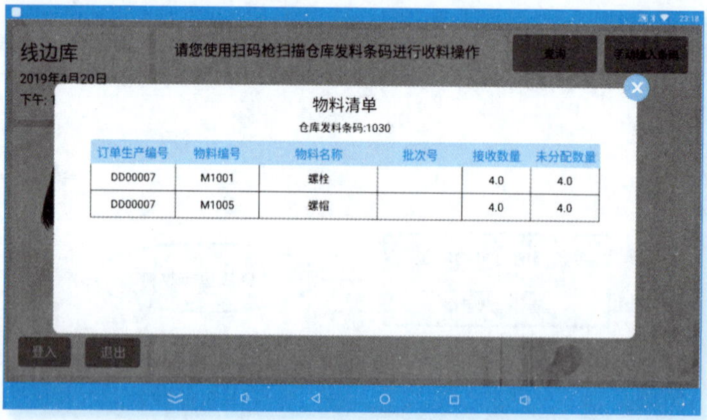

图 4-24　已接收物料包中的物料清单

用扫码枪扫描新接收到的物料包上的条码，系统会显示该物料包中的物料清单（图 4-25），单击"确认收料"按钮后，该物料包将显示在线边库收料主界面中（图 4-26）。

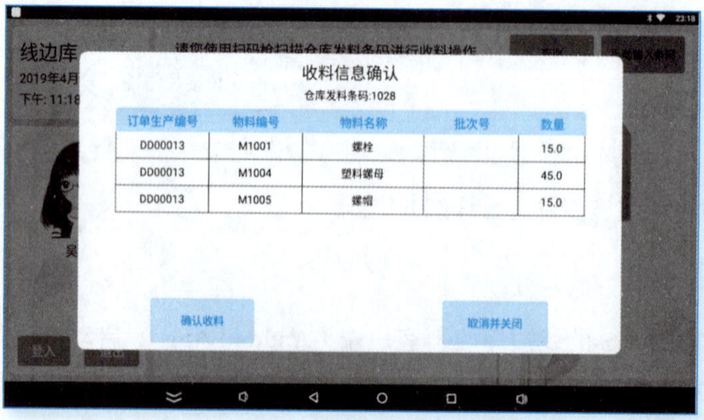

图 4-25　未接收的物料包中的物料清单

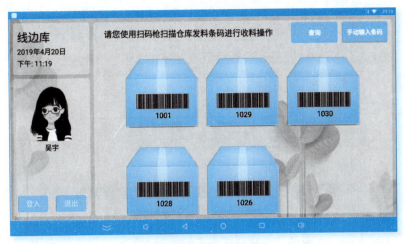

图4-26　物料包接收成功

二、线边库发料

此功能的入口是 MES 的线边库发料客户端（Android App）。启动 App 后，进入线边库发料主界面（图 4-27）。界面中显示的是等待发料的生产订单（显示在"未下发"选项卡中）；如果某个订单的物料还没有被线边库收到，则该订单将显示"欠料"标记。

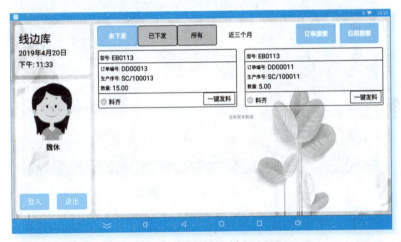

图4-27　线边库发料主界面

系统分三个选项卡显示订单列表："未下发""已下发"和"所有"，三者分别表示未分料完成的订单、已分料完成的订单和所有的订单。单击界面上方的标签以切换显示内容。

在"未下发"选项卡中单击某个订单，系统进入发料界面（图 4-28），分工序显示工序需要的物料清单，包括"需要"（需要数量）、"已收"（已收数量）、"已发"（已发数量）和"本次可发放"（本次可发数量）。每个工序下面都有一个"一键发料"按钮，需要逐个工序进行发料操作。物料清单也分两个选项卡显示："未下发"和"已下发"，二者分别表示未下发完的工序物料和已下发完的工序物料。

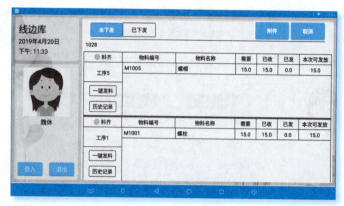

图4-28 给订单发料

单击某个工序下的"一键发料"按钮,系统将弹出一个对话框(图4-29),用扫码枪扫描一个物料托盘条码(必须是一个未被占用的物料托盘),把该工序的物料都放入托盘,然后单击"打印"按钮(图4-30,此"打印"按钮相当于"确定"按钮,为了节省纸张,系统不再进行打印),对话框关闭,系统显示:分料成功。

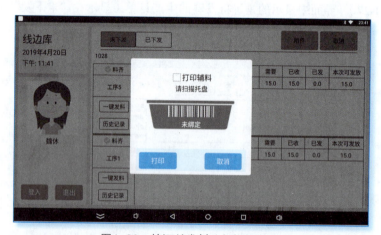

图4-29 给订单发料(扫描托盘)

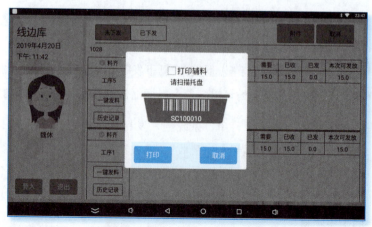

图4-30 给订单发料(托盘绑定)

当已完成所有工序的物料发放操作后,"未下发"选项卡中将清空(图4-31),工序物料清单都将显示在"已下发"选项卡中(图4-32)。单击"历史记录"按钮可以查看发料记录(图4-33)。

图4-31 给订单发料("未下发"已清空)

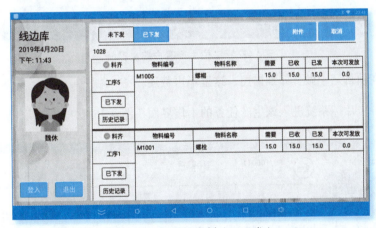

图4-32 给订单发料(已下发)

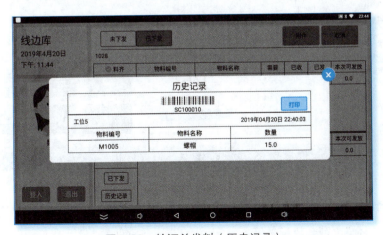

图4-33 给订单发料(历史记录)

三、工位跟踪物料

此功能的入口是 MES 的工位生产客户端（Android App）。启动 App 后，进入工位生产客户端主界面（图 4-34）。

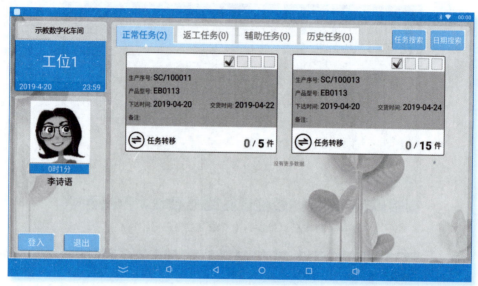

图4-34　工位生产客户端主界面

此界面已在项目三中做了详细描述，这里不再赘述。

单击某任务卡片，系统进入该生产任务的工作界面（图 4-35）。

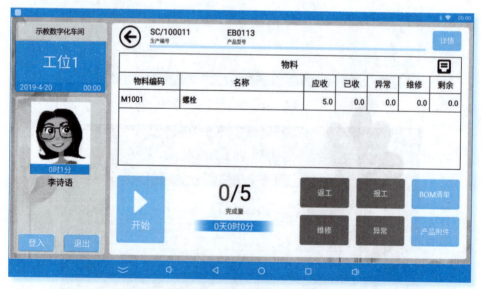

图4-35　生产任务工作界面

工作界面中部显示的是本工序的物料清单，以及每种物料的"应收"（应收数量）、"已收"（已收数量）、"剩余"（剩余数量）等。

在物料（或在制品）清单的右上角有一个图标，单击图标后，系统会弹出一个标题为"托盘信息"的对话框（图 4-36），显示将要接收的物料托盘或在制品托盘（物料或在制品托盘的托盘码以 SC 字母开头，承载内容为"物料"或"在制品"），以及代表本工位存储空间的虚拟托盘（虚拟托盘的托盘码以 GW 字母开头，承载内容为"物料在制品"；被工位接收到的物料和在制品都被放在工位的虚拟托盘中）。当线边库已经给本工序完成了发料操作，在这里就可以看到将要接收的物料托盘编码；当前道工序已经给本工序完成了在制品输出操作，在这里就可以看到将要接收的在制品托盘编码；如果线边库还没有发料，并且前道工序还没有输出在制品，则系统将显示"未查到托盘信息"。当工位虚拟托盘中的内容都被生产消耗掉以后，系统将不再显示该虚拟托盘的信息。

图4-36　托盘信息（跟踪物料）

四、工位接收物料

接收物料操作既可以在图 4-34 所示的工位生产客户端（Android App）主界面中进行，也可以在图 4-35 所示的生产任务工作界面中进行。

在工位生产客户端（Android App）主界面中，用扫码枪扫描线边库发料时绑定的物料托盘上的条码，系统会弹出对话框（图 4-37），显示托盘中的物料清单，确认接收后，系统显示"收取物料成功"，并会自动进入与接收到的物料对应的生产任务工作界面。

在生产任务工作界面中，确认接收后，如果接收到的物料是属于当前任务的，则系统会保持在当前的生产任务工作界面中；如果接收到的物料不是属于当前任务的，则系统会自动进入与接收到的物料对应的生产任务工作界面。

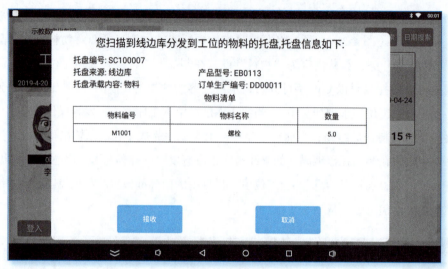

图4-37 托盘中的物料清单

拓展知识

物料管理有三大里程碑：物料需求计划（MRP）、制造资源计划（MRP II）和企业资源计划（ERP）。[9]

一、物料需求计划（MRP）

物料需求计划（MRP）能够帮助生产管理者确定产品生产所需物料的需求量和需求时间，使正确的物料在正确的时间放到正确的地点，实现物料从库房到生产工位的及时配送，以满足订单生产的要求，并能有效地降低库存量，减少资金占用，降低生产成本。

1. MRP的由来

MRP软件的产生源于人们对装配型生产企业生产特点的研究。20世纪中期，美国IBM公司的管理专家提出了相关需求和独立需求的概念，将生产所需物料分成了相关需求物料和独立需求物料两种类型。

1）所谓相关需求，是指在产品的生产过程中，对某种物料的需求量直接与由其作为部件组装而成的最终产品的需求量有关。例如，汽车生产厂对轮胎的需求量与生产汽车的需求量是直接相关的，因为生产1辆汽车需要4个轮胎，所以如果要生产100辆汽车就需要400个轮胎。也就是说，生产所需的物料数量是可以由所要生产的产品数量经计算准确得出的。

2）所谓独立需求，是指对一种物料的需求与产品的数量没有相关性，是独立的。例如，汽车修理厂对轮胎的需求量就与其修理的汽车数量没有明显的相关性，因为并不是每一辆到修理厂维修的汽车都需要更换轮胎。也就是说，生产（把汽车维修也看成一种生产活动）所需的物料数量不能由所要生产的产品数量经计算准确得出。

基于以上对装配型生产企业生产特点的认识，IBM 公司的管理专家提出了各种物料间相关需求的概念以及分时间段来确定不同时段物料需求的思想，这就是物料需求计划（MRP）。

2. MRP的目标与工作原理

MRP 系统的目标是让生产车间及时得到生产产品所需的原材料及零部件，保证对用户按时交货，并且保证尽可能低的库存水平，使自制零部件的生产活动、外购配套件的采购活动与装配的要求在时间上和数量上精确匹配和衔接。

MRP 的工作原理是根据最终产品的数量，参照准确的 BOM，由计算机程序自动地计算出构成这些产品相关物料的需求量和需求时间，也就是该软件系统可以由产品出产进度安排反推出对各种相关物料的需求，再参考生产提前期等相关信息，计算出这些所需的相关物料的数量与时间安排，因此，最终产品的需求就转化为对物料的需求，使得生产企业中的采购、备料、加工和组装等基本的生产活动以及相应的辅助性生产活动、服务性生产活动等都能以确定的时间、数量进行统一协调进行，从而能按时交货，满足客户的需求，并且实现合理的低库存。所以，MRP 既是一种安排生产进度的工具和方法，也是一种控制库存的工具和方法，其中蕴含着科学的管理思想。

3. MRP的运算模型

图 4-38 所示为 MRP 的数据流程图，代表了 MRP 的运算模型。

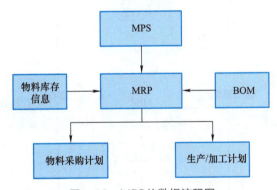

图4-38　MRP的数据流程图

MRP 的制订需要三个方面的输入信息：MPS、BOM 和物料库存信息。MPS 指出了在某一计划时间段内应生产出的产品数量，它是形成 MRP 的一个最重要的数据来源，MPS 一般是净需要量，是由客户订单或销售预测得出的总需求量减去现有库存量得到的。BOM 指明了物料之间的结构关系，以及每种物料需求的数量，它是 MRP 系统中最为基础的数据。物料库存信息反映了库存的状态，包含现有库存量和计划接收量等信息，该信息处于不断的变动之中，MRP 每运行一次，就发生一次变化。MRP 的输出主要是各种生产和库存控制用的计划和报告，主要包括自产物料的生产/加工计划、物料采购计划。

二、从物料需求计划（MRP）到制造资源计划（MRP Ⅱ）

1. 闭环MRP与MRP Ⅱ

MRP 系统的诞生有效地解决了企业的物料库存控制问题，它可以根据 MPS 提出物料需求的任务，进而生成零部件的采购计划或生产加工计划。然而在企业的实际产品生产过程中，各种生产条件是不断变化的，如制造工艺的调整、生产设备的变化等。MRP 系统只是根据 MPS 单向推导出零部件的采购计划或生产加工计划，并没有考虑企业的生产能力的约束条件，可能的约束条件包括生产线的生产能力、供应商的供货能力或者物流的运输能力，由 MRP 推导出的计划很可能由于上述约束条件的限制而无法实现；同时，在企业的外部，社会环境和市场环境也在不断变化，给企业执行 MRP 的计划带来一定的影响。因此，MRP 制订的采购计划和生产计划在执行时经常产生偏离。其原因是 MRP 的信息推导是单向的，没有形成闭环的信息回路。因此，随着市场的发展及 MRP 的应用与实践，闭环 MRP 理论形成了。与 MRP 相比，闭环 MRP 把计划的稳定性和灵活性、可行性和实用性统一起来，从而形成了一个完整的生产计划与控制系统。闭环 MRP 的逻辑流程图如图 4-39 所示。

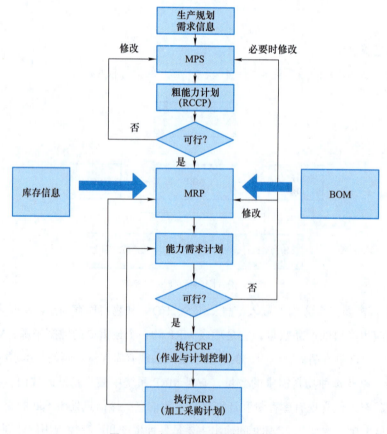

图4-39　闭环MRP的逻辑流程图

从图 4-39 中可以看出，与 MRP 相比，闭环 MRP 的显著特点是，在推导计划时考虑了企业的生产能力，生产能力的执行情况也反馈到了计划制订层，整个过程是生产能力不断执行与调整的过程，从而保证了计划的可行性和可靠性。

闭环 MRP 虽然解决了企业生产计划和控制问题，实现了企业物料信息的集成，但是，对于企业生产的运作过程，对于与产品从原材料的投入到成品的产出相伴的企业资金流通，MRP 都无法反映出来。

于是一个新的概念又被提了出来——制造资源计划（Manufacturing Resource Planning），它的简称也是 MRP，为了表示制造资源计划与传统的 MRP 既有区别又有联系，将其简称改为 MRP Ⅱ。MRP Ⅱ 是一个围绕企业的基本经营目标，以生产计划为主线，对企业制造的各种资源进行统一计划和控制的有效系统，也是企业的物流、信息流和资金流的动态反馈系统。

MRP Ⅱ 与 MRP 的主要区别在于，MRP Ⅱ 集成了与企业生产制造活动相关的各种管理功能，包含了企业的全部生产资源，是一个一体化的企业管理系统；MRP Ⅱ 通过对企业生产成本和资金运作过程的掌控，及时调整企业的生产计划，使生成计划更加可行。

2. MRP Ⅱ 的局限性

尽管 MRP Ⅱ 克服了 MRP 的缺点，提高了生产计划的可行性，但是它仍然存在一定的局限性。随着外部竞争的加剧，企业对自身的综合竞争力和响应市场的能力提出了更高的要求，希望企业有更高的信息化集成能力，要对企业内部整体资源以及企业所处供应链上的各节点进行集成，而不仅仅是对企业与制造相关部门的物流、资金流、信息流的集成。另外，还要将制造部门的集成扩展到企业内部所有经营活动的集成，以及供应链上各节点的集成；而上述要求都是 MRP Ⅱ 系统不具备的。

三、从制造资源计划（MRP Ⅱ）到企业资源计划（ERP）

ERP 是企业资源计划（Enterprise Resource Planning）的简称，是集信息技术与先进管理思想于一身，以系统化的管理思想为企业提供决策手段的管理平台，其核心思想是供应链管理。ERP 是在 MRP Ⅱ 的基础上，逐步吸收、融合其他先进现代管理思想发展而来的。

ERP 是对 MRP Ⅱ 的继承和发展。ERP 除了继承了 MRP Ⅱ 的制造、供销和财务模块，还扩展了其他管理模块，如质量管理、人力资源管理、电子通信、设备管理和电子商务等模块。ERP 是面向企业所处供应链的全面管理，ERP 将供应链、制造商、企业自身、协作商和用户等都纳入管理体系中，实现了企业业务流的集成，从而在很大程度上提高了企业的响应速度和能力。

从 MRP、闭环 MRP、MRP Ⅱ 至 ERP 是企业管理信息系统不断升华的过程，新的系统在不断克服老系统的某些缺陷：从 MRP 到闭环 MRP 克服了只考虑物料而没有考虑生产能力的缺陷，从闭环 MRP 到 MRP Ⅱ 克服了缺少财务管理功能的缺陷，从 MRP Ⅱ 到 ERP 克服了生产类型限制、功能不足、技术手段落后的缺陷。随着企业管理信息系统的不断完善，企业的管理水平也随之不断提高。

质量管理

知识目标

1. 理解产品质量和质量数据的概念。
2. 了解质量管理活动、质检类型、质检流程和主要质检环节。
3. 了解常用的质量数据统计分析方法原理。

技能目标

1. 学会收集和管理质量数据。
2. 学会制订质检计划。
3. 学会使用 MES 管理质检作业。
4. 学会使用 MES 完成巡检和数据分析。

项目背景

MES 质量管理聚焦于车间制造过程的质量管理,是对车间生产节点进行质量管控,目标是建立一个控制状态下的生产系统,力求把车间的制造水平持续保持在最佳状态,确保车间能稳定、持续地生产出符合质量要求的产品,减少产品的"质量变异"。MES 通过采集车间信息,跟踪、分析和控制加工过程的质量,实现从原材料入车间到成品出车间的全制造过程的质量管理。

从 MES 质量管理的目标和方法可以看出,做好质量管理,既要有"数据",也要有"分析"。本项目的任务一主要介绍理解质量数据的概念,通过一个示教数字化车间,分析产品的质量数据构成,以及关键零部件的质检项。任务二通过图表、示教数字化车间、实训 MES,介绍根据生产订单安排质检任务的方法。任务三主要介绍如何用 MES 管理质检作业。任务四介绍了几种常用的质量统计分析方法的原理,学生可体验在 MES 中运用质量数据统计分析产品质量。

任务一　管理质量数据

任务描述

数据是质量管理活动的基础，在质量管理中起着重要的作用，要有目的地收集数据，并对数据进行分析，从中发现质量问题，确保产品质量。

不同的行业、不同的生产工序，产品的质量数据也不同，收集质量数据的方式、方法有差异。因此，要根据制造企业车间生产实际，系统地分析、识别产品或零部件的工艺流程，找出影响产品质量的主要因素和关键的质量特性数据。

本任务要求以示教数字化车间为例，分析产品零部件的工艺流程，识别质量特性、检验要求，形成关键工序产出品的质量特性表。

相关知识

一、产品质量

在质量管理领域，最初质量的概念仅用于产品，符合事先规定的标准要求就是质量合格的产品，后来发展到以满足某种事先设定的使用需求来定义，再后来质量的概念扩展到服务、过程、活动和组织体系。国际标准化组织对质量的定义为"一组固有特性满足要求的程度"。在这个定义里，"固有特性"是指某物中本来就有的特性[9]，如桌子的高度、螺母的直径、钢板的抗拉强度以及计算机CPU的主频等。"要求"是指明示的、通常隐含的或必须履行的需求或期望。"隐含的"是指惯例、通常做法，不需要特别说明的要求。"必须履行的"是指法律法规要求和强制性标准的要求。

因此，满足规定需要和潜在需要的特性的总和就构成了产品质量。不同的产品有不同的质量特性，如反映零件加工精度的几何尺寸、几何公差和表面粗糙度等，反映用户使用要求的产品性能、耐用性、可靠性、安全性、适应性和经济性等。

二、质量数据

测量质量特性所得到的数值，称为质量特性数据，也称为质量特性值或质量数据。对于制造行业，质量数据是从检验原材料、配件、半成品、成品、加工过程和装配过程等所获得的数据。收集质量数据的目的是掌握生产状况，分析质量问题，控制工序过程和判断产品质量。

在制造过程搜集到的质量数据，大多数是可以定量的。不同种类的数据，其统计性质不同，相应的统计分析方法也就不同，因此对质量数据要正确分类。

质量数据细分为计量数据和计数数据两种[10]。

1. 计量数据

计量数据是指可以连续取值的数据。计量数据可以用测量工具（如游标卡尺、千分尺等）测量得到，如温度、密度、光通量、光强度、光照度、辉度及辐射功率等。计量数据可带有小数点以后的数值。测量仪器的精度越高，小数点后面的位数就可以取得越多。

2. 计数数据

计数数据是指不能连续取值的数据。计数数据不能用测量工具测出小数点以后的数值，只能用自然数0、1、2、3等计数，如砂眼数、气泡数、焊渣数、焊疤数、毛刺数、缺陷数、蚀点数、不合格品数及废品数等。

计数数据又分为计件数据和计点数据。计件数据是对产品进行按件检查时，所产生的属性数据；计点数据是每件产品上质量缺陷的个数。

质量数据具有波动性和规律性两个特点[10]。由于随机因素和系统因素的存在，即使作业者、机器、原材料、加工方法、测试手段和生产环境等条件相同，生产出来的一批产品的质量也并不完全相同。同时，质量特性的波动并非无规律可循，当生产过程处于统计控制状态时，数据的波动服从一定的分布规律。一般来说，离散型随机变量遵循二项分布、泊松分布等，连续型随机变量遵循正态分布、指数分布等。

由于质量数据既有波动性又有规律可循，因此可以对收集的质量数据进行统计分析，了解工序的稳定性。

任务实施

任务实施工具：一个 Word 格式的质量特性信息表模板，格式见表 5-1。

表 5-1　质量特性信息表

序号	零部件/成品	工序	质量特性	检验标准	检验方法	质量问题类型
1						
2						
3						
⋮						

任务实施按照以下步骤进行：

1）认识示教数字化车间的物料和成品，参见表 1-2 五彩棒生产线设备清单、图 1-20 Elco

DWS 示教数字化车间所用物料以及图 1-21ElcoDWS 示教数字化车间生成的产品。

2）认识示教数字化车间的产品工艺路线，已在前文的图 1-3 中体现。

3）分析示教数字化车间生产零部件和成品质量控制标准。

4）分析示教数字化车间的生产工艺路线，找出关键工序。

5）分析关键工序可能出现的质量问题有哪些类型。

6）根据以上分析结果，按照给定的模板（表 5-1），创建质量特性信息表，为本项目后面的任务做好准备工作。

任务二　管理质检计划

任务描述

产品形成的各个阶段，从原材料投入到产品实现，有各种不同的生产活动，同时伴随着各种不同的质检活动。质检活动的安排与生产订单有密切联系。因此，需要做好质检计划，合理安排质检工作，以协调、指导检验人员完成检验工作。

本任务要求结合一个示教数字化车间，根据生产订单要求，制订质检计划，合理安排该生产订单的质检活动。该计划的质检活动包含首件检验和入库检验两个环节。

相关知识

一、质量管理活动

制造车间质量管理活动涵盖检验、分析和控制三个环节。参照 ISO/IEC 62264-3 国际标准[3]对制造运行管理中的质量管理活动的描述，质量管理由八个活动组成，各个活动的协作关系如图 5-1 所示。

从图 5-1 中可以看出，质检活动分为质检前、质检中和质检后三部分。

质检资源管理和质检定义是质检的初始化准备工作。从质检请求开始，到质检调度→质检分派→质检执行，是质检的实施。质检跟踪追溯、质检数据收集和统计分析是质检的跟踪和改进工作。

下面分别介绍各个活动的主要内容。

1. 质检资源管理

提供质检所需要的人员、工具和材料等。当分派质检任务时，MES 自动将可以派工的人员、工具等列入计划供管理人员安排。

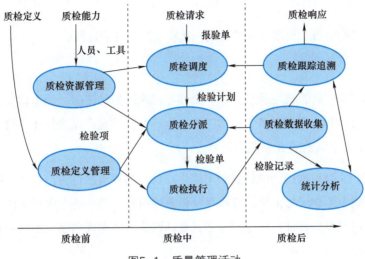

图5-1　质量管理活动

2. 质检定义管理

提供检验项管理，可以为工序输出的成品设定检验项目、检验类型和检验标准等，确定各工序生产出来的成品所要达到的质量要求。

3. 质检调度

制订详细的质检计划，根据生产排程和资源，确定检验人、检验时间、检验批次和抽检数量等。

4. 质检分派

将质检计划下达至工位，通知工位执行质检任务的内容、时间等。

5. 质检执行

对原料、半成品及成品进行检验，获取质检数据，对比判定标准，判断是否合格。检验可以是生产线上的在线检测，也可以是不在生产线上的离线检测。

6. 质检数据收集

通过人工录入或设备的半自动、自动方式，获取和保存检验数据。

7. 统计分析

对检验数据进行统计分析，找问题，改进质量保证措施。

8. 质检跟踪追溯

当发现质量问题时，追溯在制造环节的问题根源、责任工位和原材料批次等，纠正制造系统中的故障。

二、质检类型

按照质量检验的时机和提取样品的方式，质检主要有以下几种。

1. 首检

新品上线第一个工件，或更换机台、一个作业班次开始加工时，为了检验设备情况、用料情况和产品设计情况等，需要在各工序加工 3~5 个产品，并对产品进行质量检查，确保生产顺利进行。首检通过后，才允许批量生产。

不同的生产企业会根据产品的特点和车间生产执行的特点制订自己的首件检验策略和具体规则。例如，有些企业规定每个生产订单都要做首件检验，另一些企业规定订单中的产品数量大于某个数量值时就要做首件检验等。总之，首件检验策略和规则制定的目的是规避风险，减少浪费。

2. 巡检

巡检是对产品生产、制造过程中进行的定期或随机流动性的检验，目的是能及时发现质量问题。巡检是对工序的产品进行检验，并根据检验结果记录检验结论，发现不合格品则发出警报信息。巡检中发现的不合格产品不能流到下工位，但巡检不对被检的批量产品进行判断，产品正常流到下工位。人工确定巡检的频率和数量。

3. 全检

全检是对整批产品逐个检验，即工序中每一个产品都需要检验，并根据检验结果录入结论。全检一般针对单件小批生产。一些企业规定，如果批量抽检中发现一个不合格品，则必须全检。

4. 抽检

抽检即抽样检验，是从一批产品中随机抽取少量产品（样本）进行检验，据以判断该批产品是否合格。如果推断结果认为该批产品符合预先规定的合格标准，就予以接收；否则就拒收。抽检又分为随机抽检和批量抽检。

1）随机抽检：不定时对工序的产品进行检验，并根据结果录入结论。

2）批量抽检：将一个工序生产的产品分成多个批次抽检。需要编制抽检方案，质检人员在生产过程中根据抽检方案对产品进行批量抽检，并对产品质量做出判断。如果在几个批次中都出现质量问题，则需要增加后续抽检批次的比例，达到加强质量控制的目的。如果连续多批抽检质量合格，则可以减少抽检比例，达到减少生产成本、提高效率的目的。

三、质检流程

工厂的质检活动总称为 QC（Quality Control），指品质控制。按照质检所在的流程环节，QC 又细分为以下四种：

1）IQC：Incoming Quality Control 的英文缩写，是指来料质量控制、进货检验。

2）IPQC：Input Process Quality Control 的英文缩写，是指制程检验，是物料投入生产环节的检验。

3）FQC：也称为 FQA，Final Quality Control 的英文缩写，是指制造过程最终的检查验证，是成品入库环节的检验。

4）OQC：Outgoing Quality Control 的英文缩写，是出货、出厂环节的品质检验。

IQC、IPQC、FQC 和 OQC 也特指在这四个岗位工作的质检人员。

图 5-2 所示为 IQC、IPQC、FQC 和 OQC 在业务流程中的环节。

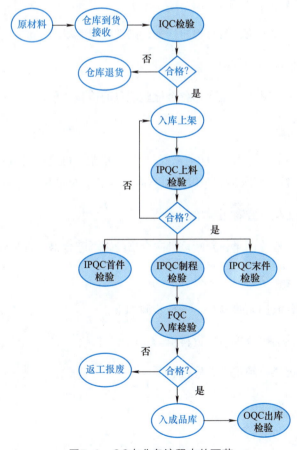

图5-2　QC在业务流程中的环节

MES 提供的质检作业管理功能，按照质检作业环节，分为来料检验、上料检验、成品入库检验和产品出库检验。这四类检验的操作过程类似。下面介绍作业过程。

1. 来料检验

物料到达仓库，IQC 对来料进行检验，并根据检验标准判定合格与否。若符合要求，则入库上架，否则予以退货。一般步骤如下：

1）物料到达仓库，到货接收登记后，创建报验单。

2）IQC 获取报验单。在半自动化方式下，可用扫码枪或 RFID 读写器读取物料条码，调取该批次物料的报验单。

3）IQC 质检，填写检验记录，判定放行或拒收。检验单的内容含有检验日期、检验人、检验项目、报验数量、抽检数量、实测值和检验判定结果等。

2. 上料检验

批量生产前，IPQC 对首件进行检验，并根据检验标准判定合格与否。若符合要求，则予以批量生产。一般步骤如下：

1）检验人员登入检验工位，若有检验任务，则选定报验单。

2）选定本次检验的类型为首检。

3）对物料进行检验，录入该批次的各个检验项目的检验结果。

3. 成品入库检验过程

末道工序输出产品后，在产品入库前需经过 FQC 检验，可进行批量抽检 / 全检，根据检验标准判定合格与否。若符合要求，则予以入成品库。一般步骤如下：

1）质检人员登录工位，查看报验单。

2）进行检验并填写检验记录，判断该批次合格与否。若合格，则创建入库单。

4. 产品出库检验过程

在产品出库前，需经过 OQC 核验。一般步骤如下：

1）获取出货单，核对出货单与出货料箱。

2）填写出货检验记录，判定是否放行。

四、质检计划

1. 质检计划的内容

质检计划是根据工序计划对检验工作进行的工作安排，是分派质检人员工作的依据，也是正确收集质量数据的指南。制订质检计划的目的在于科学、经济地组织检验活动，统筹安排检验力量和手段，避免漏检和重复检验，使检验工作逐步实现科学化、条理化和标准化。

质检计划一般以文字或图表形式明确安排检验日期、检验人、检验产品、检验工序、检验内容和要求，以及资源的配备，包括设备、仪器、量具和检具等。

MES 质检计划是对生产过程的检验工作做安排。不同行业的生产方式和生产类型不同，质量管理有差别，应根据生产规模、产品复杂程度、过程工艺、产品特点以及批量大小等编制质检计划。

MES 质检计划通常包含以下内容：

1）检验单号、报验时间、报验数量和报验人等。

2）生产单号，说明此次检验的批次产品是哪一个生产单或生产指令生产的。

3）此次检验产品的批次编号、产品名称、产品型号，以及所产出的工序号、名称。

4）计划执行的检验时间、检验人员、检验工位号以及应抽检的数量。

5）检验类型，如首检、抽检和全检等。

6）此次检验项及检验要求。

质检计划包含的主要信息[2]见表5-2。

表 5-2 质检计划信息示例

序号	质检计划项	示例
1	检验单号	J1309230003
2	检验类型	抽检
3	报验人	张三
4	报验时间	2019-3-30
5	报验数量	100
6	生产单号	1309010092
7	产品编号（或批次编号）	0102011019
8	产品型号	CLZ01X
9	产品名称	齿轮轴
10	工序号	1
11	工序名称	粗加工
12	检验项名称	轴长尺寸
13	抽检数	10
14	检验工位号	5
15	检验人员	李四
16	计划检验时间	2019-3-31

检验计划应随制造执行过程产品的结构、性能、质量要求和过程方法的变化做相应的修改和调整，以适应生产作业过程的需要。制订检验计划时还要综合考虑质量检验成本，在保证产品质量的前提下，尽可能降低检验费用。

2. 制订质检计划

使用 MES 可以编制质检计划，还可以调整质检计划。对于抽样检验，一些 MES 具有自动生成质检抽样计划的功能，能够根据批次大小、可接受质量水平（AQL）、可拒收质量水平（RQL）以及规格下限等，给出抽样的样本数量。

在 MES 中手工编制质检计划的一般步骤如下：

1）获取已排程的生产订单。从生产订单中，调取待检的产品/零部件、批次和数量。

2）选取待检批次的产品/零部件。选定待检批次后，设定该批次需要做的检验项、检验类型（首检、抽检或全检等）、抽检数量和通过准则等。

3）安排质检。根据质检工位和人员的空闲资源情况，安排质检工位和操作人员。生产工位输出成品时，MES 将自动下达质检任务至检验工位。

任务实施

本任务实施的工具如下：

1）一个 Word 格式的质检计划模板（表 5-3）。

2）MES 生产管理客户端。

表 5-3　质检计划模板

质检日期：							
检验单号：		检验工位号：			检验人员：		
生产单号：		产品名称：			产品型号：		
序号	工序	检验项	检验类型	检验方法	抽检比例	通过准则（合格标准）	
1							
2							
3							
4							
5							
6							

任务实施步骤如下：

1）打开 MES，查看示教数字化车间的生产订单排程。

2）打开 MES，查看示教数字化车间的生产资源。

3）根据生产订单要求，按照给定的文件模板编制质检计划。

任务三　管理质检作业

任务描述

车间质检作业管理是对原材料、半成品和成品进行质量检验，并根据质量标准，判定质量是否达到要求，使用 MES 的数据采集功能准确记录质检信息。

本任务要求结合示教数字化车间，体验在 MES 中执行质检业务。能够按照任务二制订的质检计划，执行生产订单的首检、末道工序派发的报验请求，正确记录质检信息。对于质量问题，能够查找问题工序。

相关知识

一、质检定义

在质检之前，初始化质检的各项参数，为生产订单、工序输出的成品设定检验项、质检类型、检验标准和抽样方法等。在质检执行过程中，MES 将预先定义的参数作为质量控制要求传递到各检验工位，可起到指导、管理质检工作的作用。

MES 质检定义通常需要初始化下列信息：

1）质检项：又称检查项，规定工艺流程必须检验的工序和成品，设定零部件、成品的关键质量特性检验项目。所谓关键质量，是指成品的关键特性组成部分（如关键的零部件）关键的质量特性。对这些质量环节，制订质检计划时要优先考虑和保证。

2）质检类型：规定每个质检项所采用的检验类型，如首检、末检、巡检、抽检和全检等。

3）质检方法：规定每个质检项目所采用的测量方法、测量工具等。测量方法要明确。例如，某车间产品的外观检测要求规定：目视（视力在 1.0 以上）自然光条件下，目视距离 50cm，产品置于目视角度正前方。

4）质检标准：规定每个检验工序产出的成品的合格标准，如成品的标准值、最大值、最小值和公差等。

5）质检规则：规定每个质检项的抽检要求、抽样数量比例以及批次不合格的判定标准等。

6）质量问题类型：设定质量问题的分类，并制订处置方法。当在生产工序中发现质量问题时，可依据 MES 指导如何处置质量问题，并记录在 MES 中，供后续统计分析。可按生产实际管理需要对质量问题分类。例如，按质量问题的严重程度，分为轻微、一般、严重和致命四个级别。

7）产品缺陷等级：制订产品（原材料、半成品和成品）没有达到标准要求的等级分类。一般分为轻微缺陷、一般缺陷、严重缺陷和致命缺陷，明确各个缺陷等级的判定标准、影响程度。

应规定质检项与产品、工序之间的关系，MES 能够按照预先规定的关联关系，对不同的产品在不同的工序，提示质检人员做相应的质检项。

一种在制品可在一个工序执行多项质检，还可在工艺流程的多个工序中执行不同的检验。图 5-3 描述了一个示例，零部件进入工序 A，需要做质检项 1、2 和 3，合格后流到工序 B，需要做质检项 2 和 3，最后到达工序 C，需要做规定的质检项 3、4。

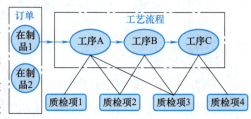

图5-3　质检项与工序、在制品的关系

二、质量追溯

质量追溯含有跟踪（Tracking）和溯源（Tracing）两层含义，即通常所说的正向追溯和反向追溯。

1）正向追溯是指从供应链的上游至消费端的方向。例如，根据采购物料的批次号，找出哪些销售的产品使用了本批次物料。

2）反向追溯是指从消费端至供应链上游的方向。例如，从问题产品反方向找出生产订单号、加工工序和物料批次号。

为了实现追根溯源，要建立起物料批次、成品批次、作业工位和工序等的唯一编码，详细记录每个产品批次采用的物料批次号、经过的工位号、生产机台号和生产班号等，最终给产出的每个产品或每个批次产品赋予唯一标识的追溯码。这个唯一的追溯码关联了从物料开始的一系列加工过程，目前常采用二维码。当产品出现质量问题时，质检人员通过追溯码，可以快速、准确地追溯到出现问题的物料批次号、生产机台号、生产班号、生产工号和检验人员等信息。

图 5-4 所示为从追溯码一步一步追溯到原料批次或销售记录等。对外部，如果已经销售，对于影响重大的，应紧急切断问题产品的供应链，定向召回，及时处置，防范风险扩大；对内部，要查找问题原因，如果是原材料问题，可以准确定位到供货商。

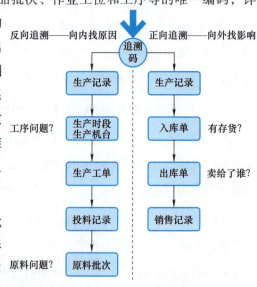

图5-4　质量追溯示例

任务实施

本任务的实施工具包括生产管理人员、生产人员与质检人员使用的以下客户端：

1）MES 的终检（FQA）客户端（Web 页面）。

2）MES 的生产管理客户端（Web 页面）。

3）MES 的工位生产客户端（Android App）。

4）MES 的质量客户端（Android App）。

任务按照质检计划（任务二）实施，分为生产订单批量生产前的首检、产品入库前的末道工序检验两个部分。

一、首检

首检涉及生产管理人员、生产人员和质检人员三种工位，各个工位所负责的操作内容和顺序如图 5-5 所示。

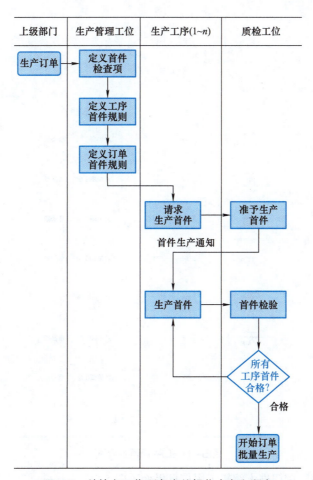

图 5-5　首检各工位所负责的操作内容和顺序

首检工作流程如下：

1）定义首件检查项：设定检查项的检查内容。

2）定义工序首件规则：设定关键工序上的应该执行的检查项。

3）定义订单首件规则：设定生产订单是否需要首检。

4）工序首件控制：质检人员检查关键工序输出的所有首件。

5）订单首件控制，所有工序首检结束后，质检人员确定是否可以开始批量生产。

下面按顺序对每个实施步骤进行详细介绍。

1. 定义首件检查项

此功能的入口是 MES 的生产管理客户端。单击主菜单中的"工序管理"菜单项，工序管理主界面如图 5-6 所示，当前显示的是已经添加到 MES 中的工序列表。

图5-6　工序管理主界面

单击"编辑工序"按钮进入编辑工序信息界面（图 5-7）。

图5-7 编辑工序信息界面（局部）

单击"首件检查项"进入首件检查项定义界面（图5-8）。

图5-8 首件检查项定义界面

单击"添加检查项"进入添加检查项界面（图5-9）。

图5-9 添加检查项界面

2. 定义工序首件规则

如果某道工序在产品的生产工艺流程中十分关键，则可以定义此道工序必须进行首件检验。对于任何一个要做首件检验的生产订单，只要订单产品的生产要经过这道工序，则必须在此道工序上进行首件检验，首件加工完成的在制品必须检验合格并由质检人员确认放行后，才能输出到下一道工序。

工序首件规则定义的入口是MES的生产管理客户端（Web页面）主菜单中的“工序管理”菜单项。单击“工序编辑”，进入工序编辑界面，可设定工序首检（图5-10）。

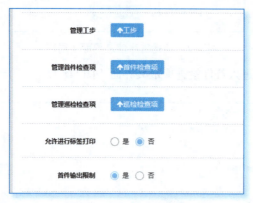

图5-10　设定工序首检

在“首件输出限制”栏中，选择“是”单选按钮，表示该工序要做首件检查。首件输出时会提示等待质检人员对该首件进行检查，检查通过后才可以输出首件（在制品）；否则，首件输出将不受质检人员的控制，不需要检查，生产完成后可以直接输出首件（在制品）。

3. 定义订单首件规则

除了针对工序设定首件检查要求，还可以针对订单设定首件检查要求。

订单首件规则定义的入口是MES的生产管理客户端（Web页面）主菜单中的“订单首件管理”菜单项。订单首件管理界面如图5-11所示，当前显示的是订单列表。可使用“编辑”功能修改订单首检的设置，包括是否要做首件检验以及首件检验的数量。

订单首件管理

订单首件管理 / 列表

订单列表

刷新　请输入生产序号或产品货号　搜索

序号	生产序号	订单产品货号	计划生产数量	订单状态	首件检测	检测数量	检测是否通过	操作
1	SC/100011	LD001	5	生产中	✖	1	✖	
2	SC/100012	LD002	10	初始化	✖	1	✖	编辑
3	SC/100013	LD003	15	生产中	✖	1	✖	
4	SC/100014	LD004	20	初始化	✖	1	✖	编辑

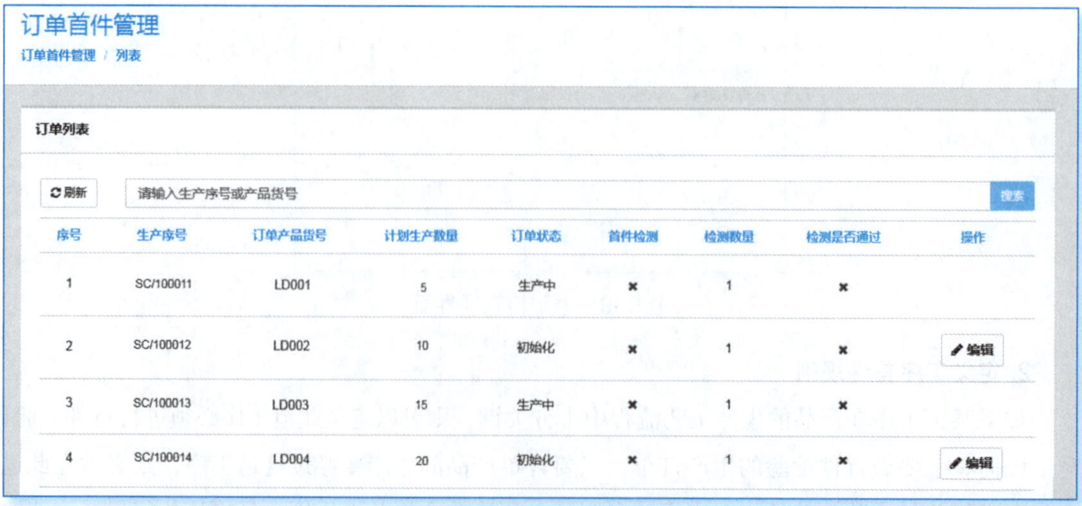

图5-11　订单首件管理界面

4. 工序首件控制

1）生产人员向质检发起首件生产请求。生产人员启动 MES 的工位生产客户端，进入工位生产客户端主界面（图 5-12）。

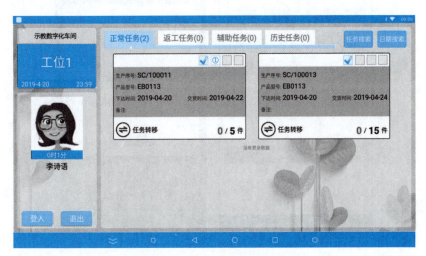

图5-12　工位生产客户端主界面

在图 5-12 中找到带"首件标志"的生产任务卡片单击该卡片，系统进入该生产任务的工作界面（图 5-13）。

图5-13　生产任务的工作界面

单击"开始"按钮，此时系统会弹出一个信息提示框，显示"您的首件生产申请已经发送给质检人员，请等待质检人员进行处理"。

2）质检人员确定可以开始首件生产。MES 质量客户端上会提示收到消息，请质检人员进行处理。质检人员单击消息内容，进入订单首件管理界面，可以看到请求生产首件的工序。如果允许该工序开始首件生产，则选中该工序，然后单击"允许工序进行首件生产"按钮（图

5-14a），系统操作成功后返回提示信息（图 5-14b）。

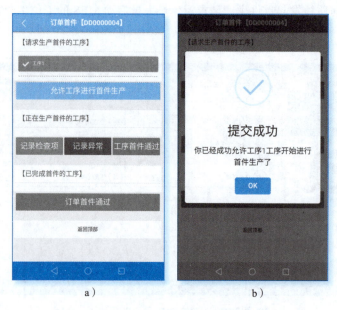

图5-14 选择允许进行首件生产的工序
a）单击"允许工序进行首件生产"按钮 b）返回的提示信息

此时，被允许开始生产首件的工序就出现在"正在生产首件的工序"列表中了（图 5-15）。同时，生产人员在相应的工位客户端上就可以单击"开始"按钮进行生产了。

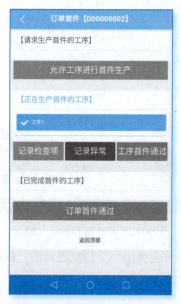

图5-15 正在生产首件的工序

3）质检人员检验工序首件。在进行首件生产的过程中，质检人员要随时关注工位的生产情况，对工序的首件生产进行检查，记录检查项，记录异常情况。

选中图 5-15 中"正在生产首件的工序"（待检验首件），单击"记录检查项"，系统进入如图 5-16a 所示的界面，可以选择检查项并输入检查的情况描述，然后单击"保存并提交"，系统给出如图 5-16b 所示的提示。

图5-16　记录首件检查项界面

a）记录检查项　b）提交后返回的提示信息

可以对出现的问题进行拍照记录（可以拍 3 张照片），单击图 5-15 中的"记录异常"按钮，输入异常情况说明，然后单击"保存并提交"（图 5-17）。

图5-17　记录首件异常

a）记录异常照片和文字　b）确认异常记录

质检人员已经确认该工序首件检查合格后，选中要检查的工序，单击图 5-15 中的"工序首件通过"，系统操作成功后返回提示信息（图 5-18a）。首件检查通过的工序就出现在"已完成首件的工序"列表中了（图 5-18b）。

图 5-18　工序首件检查通过

a）首件通过后的提示信息　b）进行首件生产的工序列表

质检人员将重复以上的操作，逐个对每个需要做首件检查的工序进行"允许工序进行首件生产""记录检查项""记录异常"以及"工序首件通过"操作。

5. 订单首件控制

当所有需要做首件检验的工序都出现在"已完成首件的工序"列表中的时候，质检人员就可以单击图 5-18b 中的"订单首件通过"按钮。订单首件检验通过以后，所有的工序就都可以继续生产了。

二、末道工序检验（FQC）

末道工序完成的产品，入库前要进行末道工序检验。图 5-19 所示为 FQC 实施流程，其中包括如下实施步骤：

1）末道工序输出。

2）末道工序报验。

3）FQA 检验。

4）返工处理。

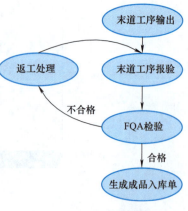

图 5-19　FQC实施流程

5)生成成品入库单。

下面按顺序对每个实施步骤进行详细介绍。

1. 末道工序输出

产品生产的最后一道工序进行在制品输出,具体操作方式已在项目三的任务中做了详细介绍,这里不再赘述。

2. 末道工序报验(生产工位)

产品生产的最后一道工序输出了一批产成品后,即可对这批产成品进行报验。操作方法是:单击工位生产客户端中工位任务处理界面的"报验"按钮(图5-20),系统会弹出对话框,让用户用扫码枪扫描一个成品报验用的托盘条码(图5-21),扫描成功后,报验托盘条码就与报验的产品完成了绑定。此时即可把产品送到FQA工位进行检验。

图5-20 成品报验

图5-21 绑定报验托盘

3. FQA检验

FQA 的入口是 MES 的终检（FQA）客户端，完成用户登录后的主界面如图 5-22 所示。界面中用卡片形式显示的是等待 FQA 的任务。

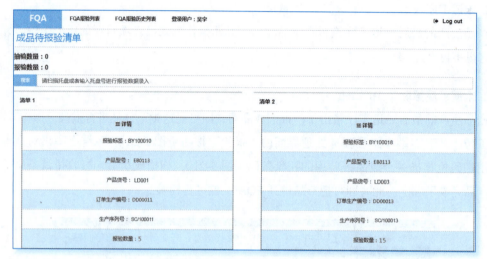

图5-22　终检（FQA）客户端主界面（FQA任务列表）

单击 FQA 任务卡片上的"详情"，系统弹出如图 5-23 所示的对话框。

图5-23　FQA任务详情

对 FQA 任务可以有如下三种处理：

1）"通过"：检验合格；记录抽检数量，并在备注中记录检验情况描述，然后单击"通过"按钮。

2)"放行":检验合格,但略有瑕疵;记录抽检数量,并在备注中记录检验情况描述,然后单击"放行"按钮。

3)"拒绝":检验不合格;记录抽检数量,选择不合格原因,并在备注中记录检验情况描述,然后单击"拒绝"按钮。

如果在图 5-23 中单击"拒绝"按钮,则系统生成拒绝报验单,并预览显示(图 5-24),可以打印或保存为 PDF 文件。

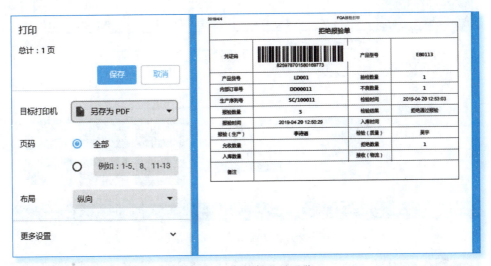

图5-24 拒绝报验单预览

被 FQA 拒绝后,系统将为末道工序推送一个返工任务,由生产车间对被拒绝的产品进行生产处理,然后进行二次报验。

4. 返工处理

末道工序被推送一个返工任务(图 5-25)。

图5-25 FQA拒绝后的返工任务

单击任务卡片,进入任务处理界面(图5-26)。被拒绝的产品处理完成后,可以单击"报验"按钮进行二次报验操作,系统会弹出对话框,让用户用扫码枪扫描一个成品报验用的托盘条码(图5-27),扫描成功后,报验托盘条码就与报验的产品完成了绑定。此时即可把产品送到FQA工位进行二次检验。

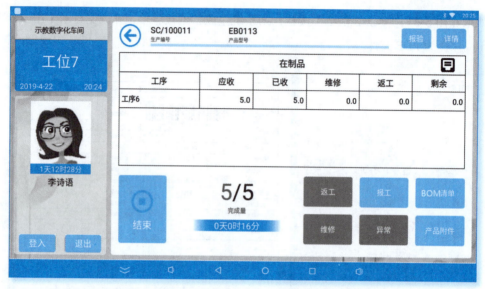

图5-26 FQA返工任务处理界面

图5-27 绑定报验托盘

5. 生成成品入库单

如果在图5-23中单击"通过"按钮或"放行"按钮,则系统生成产品报验入库单,并预览显示(图5-28),可以打印或保存为PDF文件。

图5-28 产品报验入库单预览

再次单击FQA任务卡片上的"详情"按钮，系统弹出如图5-29所示的对话框。输入入库单上的凭证码，单击"校验"按钮，校验通过后对话框关闭；如果是二次报验的任务，则凭证码校验通过后，末道工序上的报验返工任务自动结束，报验任务处理完成。可以凭入库单到成品库房进行成品入库。

图5-29 入库单校验

报验完成后，系统将显示当日累计完成的FQA数量（图5-30）。其中，"抽检数量"是当日的抽检的产品数量，"报验数量"是当日报验完成的产品总量。

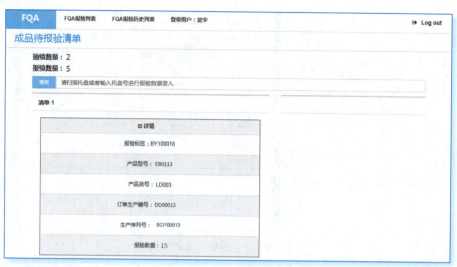

图5-30 FQA完成数量

单击"FQA报验历史列表",系统将进入报验历史数据界面(图5-31)。

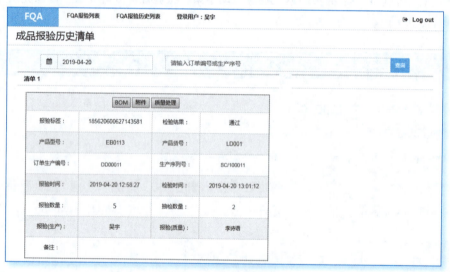

图5-31 报验历史数据

任务四 巡检及数据分析

任务描述

质量管理的主要任务是判断产品的质量,找出影响质量的主要因素,控制产品质量。围绕这三大任务,需要采用质量统计分析的方法和工具,实施科学有效的质量管理。

本任务要求，了解常用统计分析方法的原理；以一次产品巡检执行为例，获取模拟车间生产线的质检数据，运用 MES 分析产品质量。

相关知识

一、样本

质量管理的一个重要工作就是通过抽取部分产品进行质量检验，得到数据后进行统计分析，根据分析结果来判断产品的总体质量。要判断的这批产品（特性值）在统计学上称为"总体"，抽取出来的这部分产品称为"样本"。每个抽取出来的产品称为"样品"，样本所含样品的数量称为"样本容量"。

例如，检验一批螺母的直径，从中选出 100 个螺母，则：

总体：这批螺母的直径。

样本：抽取的这 100 个螺母直径。

样本容量：100。

样品：这 100 个螺母中的每一个。

需要注意的是，样本是从提交检查批中随机抽取的。所谓随机抽取，是指每次抽取时，批中所有单位产品被抽取的可能性都均等，不受任何人的意志支配。

二、抽样检验

为了进行质量统计分析，从总体中抽取样品组成样本，这个过程就是抽样。

随机抽样是指按照随机的原则，从总体中抽取部分个体组成样本，根据对样品进行检测的结果，推断总体质量水平的方法。

每一个随机抽取的样品被抽中的概率相同，从而保证了样本在总体中的分布比较均匀，有充分的代表性；同时它还具有节省人力、物力、财力，以及时间和准确性高的优点。随机抽取的样品可用于破坏性检验和生产过程的质量监控，完成全数检测无法进行的检测项目，具有广泛的应用空间。

随机抽样的具体方法有以下几种。

1. 简单随机抽样

简单随机抽样又称纯随机抽样、完全随机抽样，是对总体不进行任何加工，直接进行随机抽样，获取样本的方法。

2. 分层抽样

分层抽样又称分类或分组抽样，是将总体按与研究目的有关的某一特性分为若干组，然后在每组内随机抽取样品组成样本的方法。

3. 等距抽样

等距抽样又称机械抽样、系统抽样，是将个体按某一特性排队编号后均分为 n 组，这时每组有 $K=N/n$ 个个体，然后在第一组内随机抽取第一件样品，以后每隔一定距离（K 号）抽选出其余样品组成样本的方法。例如在流水作业线上每生产 100 件产品抽出 1 件产品做样品，直到抽出 n 件产品组成样本。

4. 整群抽样

整群抽样一般是将总体按自然存在的状态分为若干群，并从中抽取样品群组成样本，然后在中选群内进行全数检验的方法。例如对原材料质量进行检测，可按原包装的箱、盒为群随机抽取，对中选箱、盒做全数检验；每隔一定时间抽出一批产品进行全数检验等。

整群抽样随机性表现在群间，样品集中，分布不均匀，代表性差，产生的抽样误差也大，尤其在有周期性变动时，更要注意避免系统偏差。

5. 多阶段抽样

多阶段抽样又称多级抽样。当总体很大时，很难一次抽样完成预定的目标。多阶段抽样是将各种单阶段抽样方法结合使用，通过多次随机抽样来实现的抽样方法。例如检验钢材、水泥等质量时，可以对总体按不同批次分为 R 群，从中随机抽取 r 群，而后在中选的 r 群中的 M 个个体中随机抽取 m 个个体，这就是整群抽样与分层抽样相结合的二阶段抽样，它的随机性表现在群间和群内有两次抽取。

任务实施

本任务的实施工具如下：

1）MES 的生产管理客户端（Web 页面）。

2）MES 质量客户端（Android App）。

本任务将按照图 5-32 所示的流程实施，其中包括如下实施步骤：

1）定义巡检检查项。

2）对订单生产实施巡检。

3）查询质量统计数据。

下面按顺序对每个实施步骤进行详细介绍。

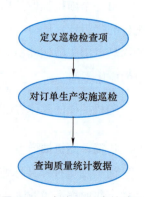

图5-32　任务四的实施流程

一、定义巡检检查项

此功能的入口是 MES 的生产管理客户端（Web 页面）主菜单中的"工序管理"菜单项，工序管理主界面如图 5-33 所示，当前显示的是已经添加到 MES 中的工序列表。

图5-33　工序管理主界面

单击"编辑工序"按钮进入编辑工序信息界面（图 5-34）。

图5-34　编辑工序信息界面（局部）

单击"巡检检查项"进入定义巡检检查项界面（图 5-35）。

图5-35 定义巡检检查项界面

单击"添加检查项"进入添加检查项界面（图5-36）。

二、对订单生产实施巡检

此功能的入口是MES质量客户端（Android App）。启动App后，进入首件检验与巡检主界面，系统显示的是消息列表,按照"未读消息""已读消息"和"所有消息"三类显示（图5-37a）；单击左上角的蓝色图标，进入生产订单列表（图5-37b）。

图5-36 添加检查项界面

a) b)

图5-37 首件检验与巡检

a）首件检验与巡检主界面 b）订单列表

在界面中单击某个订单,系统进入订单详情界面(图 5-38a),向上滑动屏幕显示出订单的 BOM(图 5-38b)。

a)
b)

图5-38 订单详情和订单BOM

a)订单详情界面 b)订单 BOM

单击"巡检"按钮,进入订单巡检界面(图 5-39),图中显示的是工序列表。

图5-39 订单巡检界面

选择要检查的工序,单击"记录检查项"按钮,系统进入记录检查项界面(图 5-40a)。填写检查结果后，单击"保存并提交"按钮，系统操作成功后返回提示信息（图 5-40b）。

图5-40　记录检查项和保存提交

a）记录检查项界面　b）提交后的提示信息

如果发现生产中的异常情况，则要进行记录；在图 5-39 所示的订单巡检界面中，先选择要检查的工序，然后单击"记录异常"按钮，系统进入记录巡检异常界面（图 5-41a）。可以对出现的问题进行拍照记录（可以拍 3 张照片），可以输入异常情况说明，然后单击"保存并提交"按钮（图 5-41b），系统操作成功后返回提示信息（图 5-42）。

图5-41　记录巡检异常界面

a）记录异常图片和文字　b）确认记录

质量管理 项目五

图5-42 保存并提交成功

三、查询质量统计数据

此功能的入口是 MES 的生产管理客户端（Web 页面）主菜单中的"质量管理"菜单，系统提供了如下质量统计数据的查询：

1）首件检查历史记录（图 5-43）。

序号	订单编号	生产序号	产品型号	产品货号	计划日期	排产日期	订单数量	首件数量	首件状态	审批时间	审批人员
1	SFA060123	YK/191875	TMSP1612F-CN0006.0001.5	A50069	2019-04-03 00:00:00	2019-04-01 00:00:00	10	1	通过	2019-04-01 15:42:12	龚秀明
2	SFA059998	YD/191787	EI100R45-H6PR-1024.JT7F01	EC111001583	2019-03-29 00:00:00	2019-03-28 00:00:00	10	1	通过	2019-04-01 10:27:24	龚秀明
3	SFA059857	YM/191762	EI40A6-L5AR-2000	EC110400577	2019-03-28 00:00:00	2019-03-27 00:00:00	40	1	通过	2019-04-02 18:01:12	吕志娟

图5-43 首件检查历史记录

2）FQA 历史记录（图 5-44）。

— 191 —

| FQA历史记录 | | | | | | | | | | | | |

图5-44　FQA历史记录

3）质量扣留历史记录（图5-45）。这是对工位上报的物料异常情况以及质量部门的处理结果信息的查询。

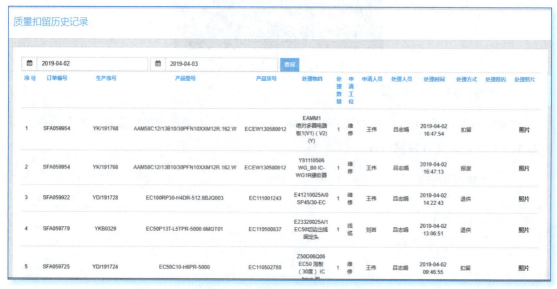

图5-45　质量扣留历史记录

4）物料异常 DPMO 图。DPMO（Defects Per Million Opportunities）叫作"百万分之缺陷机会数"，其计算公式为

$$DPMO = \frac{发现的总缺陷数}{单个产品缺陷机会 \times 产品个数 \times 1000000}$$

图 5-46 是日报图，横坐标代表每一天，图中查询了两天的数据，分别计算出了两天的 DPMO 值。

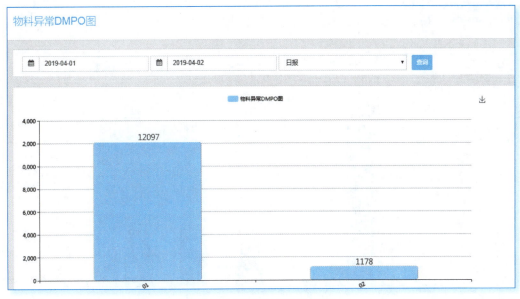

图5-46 物料异常DPMO图

5）巡检异常 DPO 图。DPO（Defects Per Opportunity）与 DPMO 的区别是：在计算的时候不乘以 1000000。

图 5-47 所示为日报图，横坐标代表每一天，图中查询了 3 天的数据，分别计算出了 3 天的 DPO 值，是出现异常的次数与总巡检次数的比值。

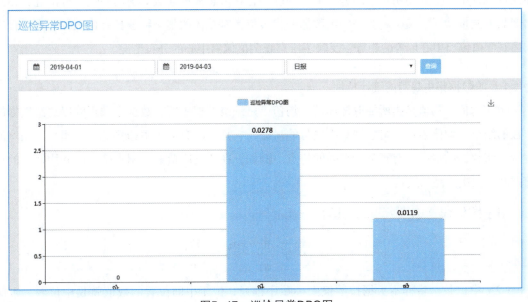

图5-47 巡检异常DPO图

6）终检异常 DPO 图。图 5-48 所示为月报图，横坐标代表每一个月，图中查询了 7 个月的数据，分别计算出了 7 个月的 DPO 值，是出现异常的批次数与总终检批次数的比值。

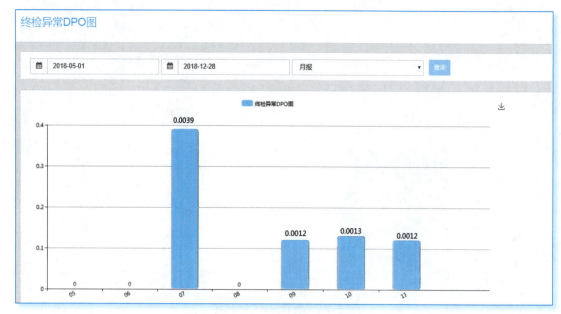

图5-48 终检异常DPO图

拓展知识

一、质量数据的描述性统计分析方法

通过对质检得到的数据进行简单的归纳分析来描述产品的质量状况,称为描述性统计。在描述性统计中,主要使用集中趋势、离散程度的分布形态来描述数据的集中性、分散性,归纳出产品的质量状况。集中趋势是一组数据的代表值,对总体的某一特征具有代表性。离散程度描述观测值偏离中心位置的趋势,反映了所有观测值偏离中心的分布情况。

1. 反映数据集中趋势的统计特性

(1)均值 均值是指所抽取样本的平均值,是一组数据中所有数据之和再除以这组数据的个数的结果。均值表示一组数据集中趋势的量数,它是反映数据集中趋势的一项指标。用均值表示一组数据的情况,有直观、简明的特点。例如,在产品质量抽样调查中,可利用样本的均值推断某批次产品的质量。

对于样本 $\{x_1, x_2, \cdots, x_n\}$,其均值 $\bar{x}$ 为

$$\bar{x} = \frac{x_1 + x_2 + \cdots + x_n}{n} = \frac{\sum x_i}{n} \tag{5-1}$$

(2)中位数 将样本数据按数值大小顺序排列,位于中间位置的数值就是中位数,也叫中值。

对于样本 $\{x_1, x_2, \cdots, x_n\}$:

1)n 为奇数时:

$$x = x_{(n+1)/2} \tag{5-2}$$

2）n 为偶数时：

$$x = (x_{n/2} + x_{n/2+1})/2 \tag{5-3}$$

（3）众数　一组样本数据中出现次数（频数）最多的数值称为众数。有时众数在一组数中有好几个。简单地说，众数就是一组数据中占比例最多的那个数。

2. 反映数据离散程度的统计特性

（1）极差　极差就是样本数据中最大值与最小值的差值。

极差 R 的计算公式是

$$R = x_{\max} - x_{\min} \tag{5-4}$$

式中　$x_{\max}$——样本的最大值；

$x_{\min}$——样本的最小值。

极差的计算简便，但它只利用了样本中的最大和最小数据，中间的数据信息利用不充分。

（2）方差　样本方差用来反映一组数的变异程度。方差的计算公式为

$$S_n^2 = \frac{1}{n}\sum_{i=1}^{n}(x_i - \bar{x})^2 \tag{5-5}$$

式中　x_i——样本观测值；

$\bar{x}$——样本均值；

n——样本容量。

（3）标准差　标准差也称均方根差，是各数据偏离平均数的距离的平均数，是方差的算术平方根。根据样本变量计算的标准差称为样本标准差。标准差公式为

$$S = \sqrt{\frac{\sum_{i=1}^{n}(x_i - \bar{x})^2}{n}} \tag{5-6}$$

式中　x_i——样本观测值；

$\bar{x}$——样本均值；

n——样本容量。

样本的均值相同，标准差并不一定相同。例如，A、B 两组样本各有 3 个螺母样品，A 组螺母的直径为 68mm、78mm、70mm，B 组螺母的直径为 73mm、72mm、71mm。这两组的均值都是 72mm，但 A 组的标准差为 4.32mm，B 组的标准差为 0.82mm，说明 A 组之间的差距要

比 B 组之间的差距大得多。

二、质量数据的图形统计分析方法

在质量数据分析中，采用图形方法可以直观地分析数据，找到问题的原因。目前比较常用的有直方图法、分层法、排列图法、控制图法、因果图法、散布图法和调查表法等。下面重点介绍其中几种较为简单的方法。

1. 直方图法

（1）直方图法的作用　直方图又称频数分布图、质量分布图或柱状图。直方图法是对样本的特性数据进行整理，形成描绘产品质量特性分布状况的直方图。通过观察图的形状，可以判断工序质量是否处于良好状态以及产品精度的高低等。直方图法适用于对大量质量数据的分析，根据数据找出质量规律，了解产品质量的分布情况和规律，以便对总体的质量分布情况进行分析。

直方图法的作用可概括为以下三点：

1）提示质量数据的中心、分布和形状。

2）显示质量特性值出现的频率和分散程度。

3）判断产品质量的分布。

图 5-49 所示为一个螺母内径数据的直方图示例。横坐标表示质量特性，此例中，特性为螺母的内径。纵坐标表示频数，频数表示该内径值的螺母个数。虚线为所有样本内径数据的均值。

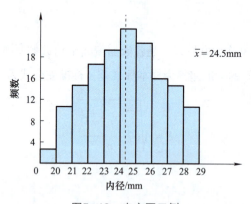

图5-49　直方图示例

（2）直方图的绘制　将收集得到的检测值划分为若干相等的区间，将各区间内检测值出现的频数用柱状排列。步骤如下：

1）收集数据。一般随机抽取 50 个以上的质量特性数据，即样本容量 n 大于 50。

2）计算极差 R。找出样本数据中的最大值 x_{max} 和最小值 x_{min}，计算 $R = x_{max} - x_{min}$。

3）确定组数和组距。先根据样本容量 n 确定分组数 k，再以此组数去除极差 R，可得直方图每组的宽度，即组距 h。

组数 k 与样本容量 n 有关。组数 k 的取值可参考表 5-4。

表 5-4　样本容量 n 和组数 k 的对应参考值

样本容量 n	组数 k
50～100	6～10
100～250	7～12
250 以上	10～20

4）确定各组界限和中心值。按组距 h 形成每组的上、下界限值，即（$x_{\min}$, $x_{\min}+h$），（$x_{\min}+h$, $x_{\min}+2h$），（$x_{\min}+2h$, $x_{\min}+3h$），…，将其作为直方图的横坐标。为了避免数据落在组界上，组界值的末位数应取测量值单位的 1/2。

5）做频数分布表。将样本数据分别归入相应的组，统计各组数据的个数，即频数。

6）画直方图。横坐标表示质量特性，纵坐标表示频数。在横轴上标明各组组界。以组距为底，频数为高，画出一系列的直方柱。

（3）直方图应用案例

【例 5-1】某工厂生产了一批螺母，共 1 万个。每天抽取 10 个，抽取 10 天对内径进行检测，取得数据 100 个，见表 5-5。

表 5-5　螺母直径的样本数据　　　　　　　　　　　　　　　　　　　　　　（单位：mm）

序号	第1天	第2天	第3天	第4天	第5天	第6天	第7天	第8天	第9天	第10天
1	13.8	14.2	13.9	13.7	13.6	13.8	13.8	13.6	14.8	14.0
2	14.2	14.1	13.5	14.3	14.1	14.0	13.0	14.2	13.9	13.7
3	13.4	14.3	14.2	14.1	14.0	13.7	13.8	14.8	13.8	13.7
4	14.2	13.7	13.8	14.1	13.5	14.1	14.0	13.6	14.3	14.3
5	13.9	14.5	14.0	13.3	15.0	13.9	13.5	13.9	13.9	14.0
6	14.1	12.9	13.9	14.1	13.7	14.0	14.1	13.8	13.8	14.7
7	13.6	14.0	14.0	14.4	14.0	13.2	14.5	13.9	13.7	14.3
8	14.6	13.7	14.7	13.6	13.9	14.8	13.6	13.8	14.2	13.5
9	14.4	14.0	13.7	14.1	13.5	13.9	14.0	14.7	14.2	14.8
10	13.1	14.4	14.4	14.9	14.4	14.5	13.8	13.3	14.5	14.0

经计算，频数分布见表 5-6。

表 5-6　频数分布表

组号	组界值 /mm	中心值 /mm	频数
1	（12.85，13.05）	12.95	2
2	（13.05，13.25）	13.15	2
3	（13.25，13.45）	13.35	3
4	（13.45，13.65）	13.55	11
5	（13.65，13.85）	13.75	18
6	（13.85，14.05）	13.95	24
7	（14.05，14.25）	14.15	16
8	（14.25，14.45）	14.35	10
9	（14.45，14.65）	14.55	5
10	（14.65，45.85）	14.75	7
11	（14.85，15.05）	14.95	2
合计			100

绘制直方图，如图 5-50 所示。

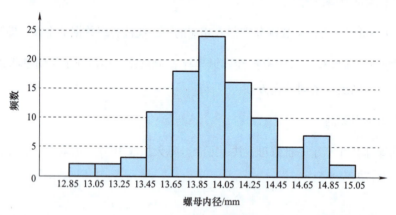

图5-50　直方图法分析螺母内径

从直方图可以直观地看出，该批次螺母的质量呈正态分布，工序处于稳定状态。

（4）直方图的形态分析（表 5-7）

表 5-7　直方图的形态分析

序号	形状	图形	形态分析
1	标准型		中间高，两边低。数据大体上呈正态分布。可判定工序处于稳定状态
2	偏态型		有偏左和偏右两种。由工作习惯或标准值控制限值造成

（续）

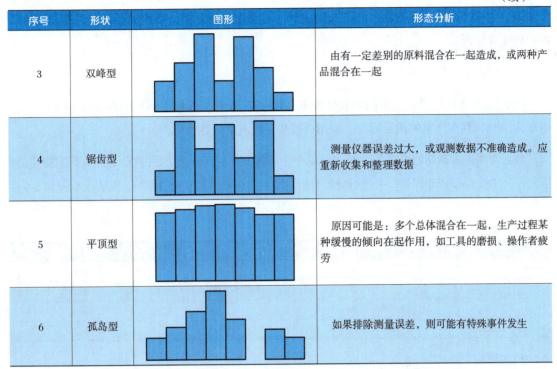

2. 分层法

（1）分层法的作用　分层法又称分类法、分组法，是将同一条件下收集取得的数据，按某一性质进行分组、整理的方法。把性质相同的数据分列一组，使数据反映的事实更明显、更集中，从而找准问题，对症下药。

常用的分类方式如下：

1）按施工时间分类：如不同的班次和时间段。

2）按操作人员分类：如工龄（新老工人）、性别等。

3）按设备类型分类：如不同的机床型号、工装夹具等。

4）按操作方法分类：如不同的工艺、温度等。

5）按原材料分类：如不同的进料时间、不同的供应单位以及不同的材料等。

6）按检测手段分类：如不同的测量仪器、检测环境等。

7）按产生废品的缺陷项分类：如铸件的裂纹、气孔、缩孔和砂眼等缺陷项。

对于同一批数据，可以按不同性质分类，以便能从不同角度来考虑、分析产品存在的质量问题和影响因素。

分层法是质量管理统计分析方法中最基本的一种方法。其他统计方法一般都要与分层法配合使用,如排列图法、直方图法和散布图法等。通常先利用分层法将原始数据分门别类,然后再进行统计分析。

(2)分层法应用实例

【例5-2】在钢筋焊接质量的调查分析中,共检查了50个焊接点,其中不合格19个,不合格率为38%,存在严重的质量问题。试用分层法分析质量问题的原因。

现已查明这批钢筋的焊接是由A、B、C三个师傅操作的,而焊条是由甲、乙两个厂家提供的。因此,分别按操作者和焊条厂家进行分层分析,即考虑一种因素单独的影响,见表5-8和表5-9。

表5-8 按操作者分类

操作人员	不合格个数	合格个数	不合格率(%)
A	6	13	31.6
B	3	9	25.0
C	10	9	52.6
合计	19	31	38.0

表5-9 按焊条厂家分类

工厂	不合格个数	合格个数	不合格率(%)
甲	9	14	39.1
乙	10	17	37.0
合计	19	31	38.0

由表5-8和表5-9分层分析可见,操作人员B的质量较好,不合格率为25%;而不论是采用甲厂还是乙厂的焊条,不合格率都很高且相差不大。为了找出问题所在,再进一步采用综合分层进行分析,即考虑两种因素共同影响的结果,见表5-10。从表5-10的综合分层法分析可知,在使用甲厂的焊条时,应采用B师傅的操作方法为好;在使用乙厂的焊条时,应采用A师傅的操作方法为好,可使合格率大大提高。

表5-10 综合分层法分析焊接质量

工人	焊接质量	甲厂		乙厂		合计	
		焊接点个数	不合格率(%)	焊接点个数	不合格率(%)	焊接点个数	不合格率(%)
A	不合格	6	75	0	0	6	32
	合格	2		11		13	
B	不合格	0	0	3	43	3	25
	合格	5		4		9	
C	不合格	3	30	7	78	10	53
	合格	7		2		9	

合计	不合格	9	39	10	37	19	38
	合格	14		17		31	

3.排列图法

（1）排列图法的作用　在质量管理过程中，要解决的问题很多，但往往不知从哪里着手，但事实上大部分的问题，只要能找出几个影响较大的原因，并加以处置及控制，就可解决 80% 以上的问题。

排列图[10]是分析和寻找影响质量主要因素的一种工具。其形式是双直角坐标图，左边纵坐标表示频数，即该类质量问题出现的次数；右边纵坐标表示频率，即该类质量问题所占的百分比；横坐标表示影响质量的各项因素，按影响程度的大小（即出现频数多少）从左向右排列；折线表示累计频率。通过对排列图的观察分析可抓住影响质量的主因素。

如图 5-51 所示，直方形的高度示意某个因素的影响大小。实际应用中，通常按累计频率划分为 0~80%、80%~90% 以及 90%~100% 三级，对应的因素分为三类：A 类为主要因素，B 类为次要因素，C 类为一般因素。

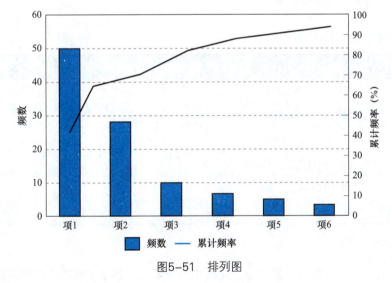

图 5-51　排列图

排列图可以形象、直观地反映主次因素，其适用性如下：

1）按不合格点的内容分类，可以分析出造成质量问题的薄弱环节。

2）按生产作业分类，可以找出生产不合格品最多的关键过程。

3）按生产班组或单位分类，可以分析比较各单位技术水平和质量管理水平。

4）将采取提高质量措施前后的排列图对比，可以分析措施是否有效。

（2）排列图法应用实例

【例 5-3】对某机械加工零件产品外观进行质量检查，发现存在若干质量问题，见表 5-11，在全部检查的 5 个项目中不合格点数（处）有 168 个。为改进并保证质量，对这些不合格点进行分析，从而找出外观质量的薄弱环节。

表 5-11 外观质量问题

项目序号	存在问题	数量（处）
1	粗糙（表面光洁程度）	97
2	撞伤（产品上的浅坑）	51
3	划痕（浅的沟槽）	16
4	毛刺（尖锐突起、飞边）	2
5	污渍（可见污渍、油垢）	2
合计		168

1）按不合格点的频数由大到小的顺序排列各检查项目，以全部不合格点数为总数，计算各项的频率和累计频率，结果见表 5-12。

表 5-12 外观质量不合格点统计表

项目序号	存在问题	数量（处）	频率（%）	累计频率（%）
1	粗糙（表面光洁程度）	97	57.7	57.7
2	撞伤（产品上的浅坑）	51	30.4	88.1
3	划痕（浅的沟槽）	16	9.5	97.6
4	毛刺（尖锐突起、飞边）	2	1.2	98.8
5	污渍（可见污渍、油垢）	2	1.2	100
合计		168	100	

2）排列图的绘制：

① 画横坐标。将横坐标按项数等分，并按项目频数由大到小的顺序从左到右排列，本例中横坐标分为五等分。

② 画纵坐标。左侧的纵坐标表示项目不合格点数，即频数，右侧的纵坐标表示累计频率。要求总频数对应累计频率 100%。本例中，168 应与 100% 在一条水平线上。

③ 画频数直方形。以频数为高画出各项目的直方形。

④ 画累计频率曲线。从横坐标左端点开始，依次连接各项目直方形右边线或延长线与所对应的累计频率值的交点，所得的曲线即为累计频率线。

⑤ 记录必要的事项，例如收集数据的方法和时间等。

图 5-52 所示为外观质量不合格点排列图。

观察所绘直方形，大致可看出各项的影响程度。排列图中的每个直方形都表示一个质量问题或影响因素。影响程度与各直方形的高度成正比。

累计频率曲线按 0~80%、80%~90% 和 90%~100% 分为三部分，各曲线下面所对应的影响因素分别为 A、B、C 三类因素，本例中 A 类即主要因素是粗糙，B 类即次要因素是撞伤，C 类即一般因素是剩下的三个项（划痕、毛刺和污渍）。综上分析结果，下一步应重点解决 A 类质量问题。

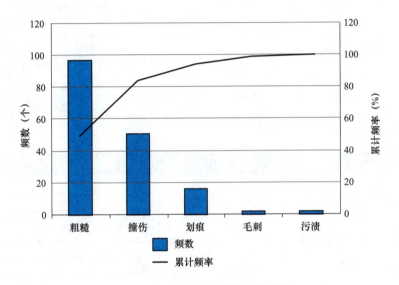

图5-52 外观质量不合格点排列图

三、统计过程控制

统计过程控制（Statistical Process Control, SPC）是一种借助数理统计方法的过程控制工具。SPC 根据反馈信息及时发现系统性异常因素出现的征兆，使过程维持在仅受随机性因素影响的受控状态，以达到控制质量的目的。

1. SPC技术原理

当过程仅受随机因素影响，过程处于稳态时，随机误差具有一定的分布规律，即总体质量特性服从正态分布，产品特性值出现在 $(\mu \pm 3\sigma)$ 中的概率为 99.73%，超出 $\pm 3\sigma$ 范围的概率仅为 0.27%，即几乎全部产品特性值都落在 6σ 范围内。其中，μ 为产品特性值的总体均值。当过程中存在系统因素影响时，过程处于统计失控状态，即失控状态，过程分布将发生改变。在工程领域，习惯把 6σ 定义为过程能力，它的值越小越好。SPC 正是利用过程波动的统计规律性对过程能力进行分析和控制的。

SPC 实施主要统计的工具是控制图。控制图中的上控制限（UCL）和下控制限（LCL）是判断工作过程是否存在异常因素的标准尺度，它是根据数理统计的原理计算出来的。

国家标准 GB/T 17989.2—2020《常规控制图》给出了八种类型的控制图（表 5-13）和控制图判异的八个准则（表 5-14）。

表 5-13 控制图类型

数据类型	数据	分布类型	控制图种类
计量型	计量值	正态分布	平均值 – 极差控制图
			平均值 – 标准差控制图
			中位数 – 极差控制图
			单值 – 移动极差控制图
计数型	计件值	二项分布	不合格品率控制图
			不合格品数控制图
	计点值	泊松分布	单位不合格数控制图
			不合格数控制图

表 5-14 控制图判异准则

准则	准则说明	控制图案例
准则 1	1 个点落在控制限外	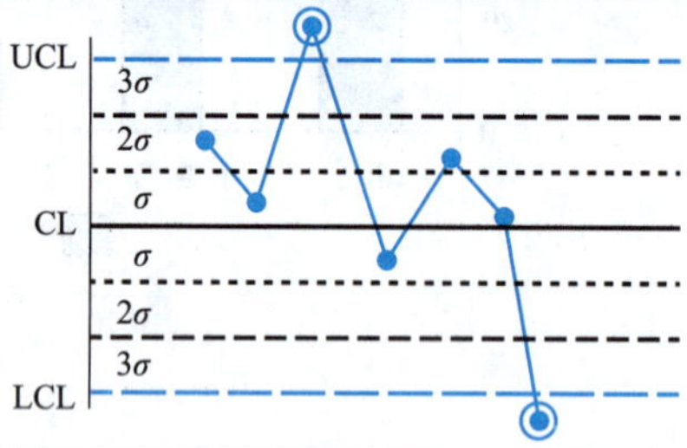
准则 2	连续 9 个点落在中心线同一侧	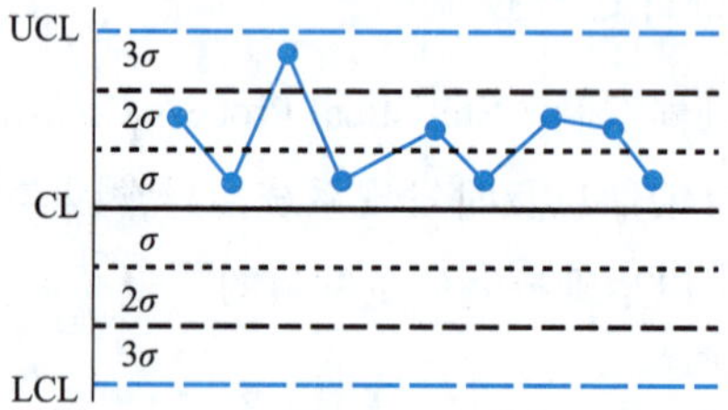
准则 3	连续 6 个点递增或递减	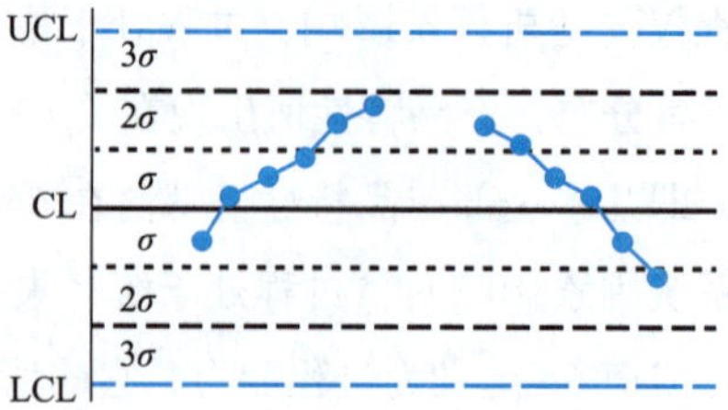

（续）

准则	准则说明	控制图案例
准则 4	连续 14 个点上下点交错	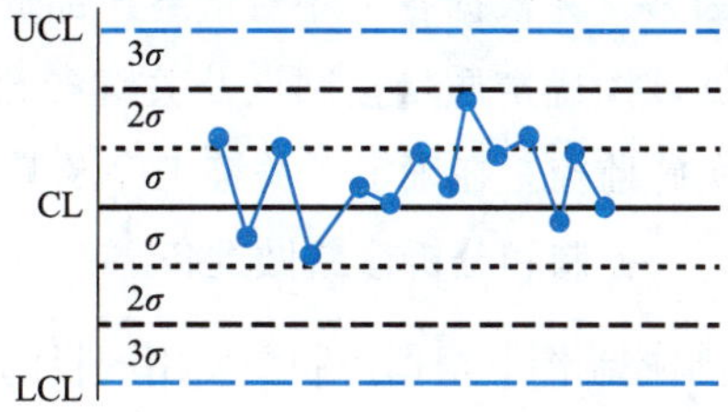
准则 5	连续 3 个点中有 2 个点落在中心线同一侧的大于两个标准差的范围外	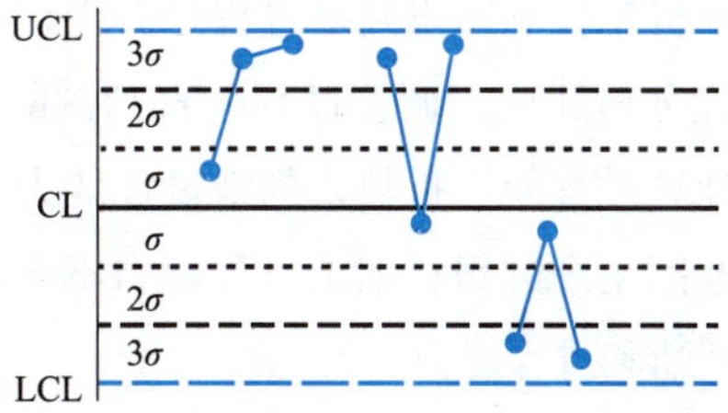
准则 6	连续 5 个点中有 4 个点落在中心线同一侧的大于 1 个标准差的范围外	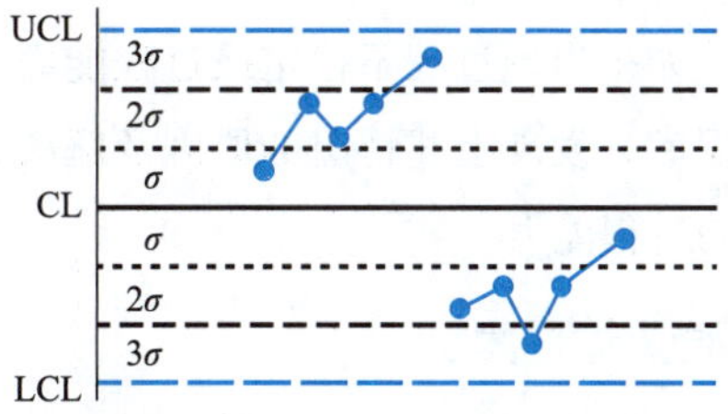
准则 7	连续 15 个点落在中心线小于 1 个标准差的范围内（任一侧）	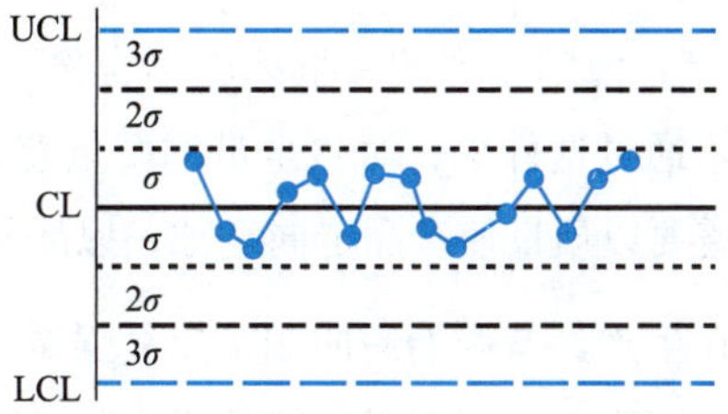
准则 8	连续 8 个点落在中心线大于 1 个标准差的范围外（任一侧）	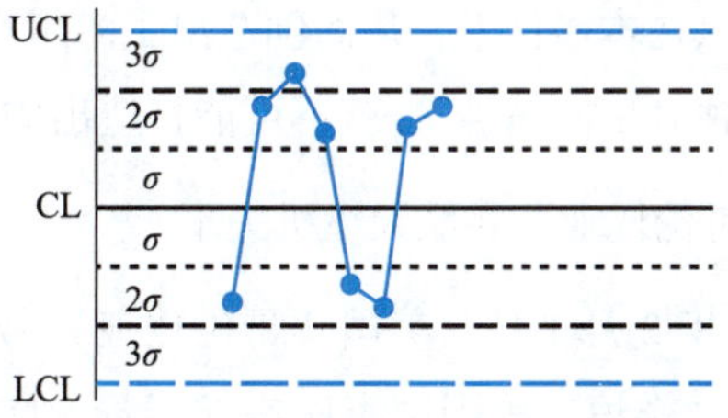

2. MES中SPC的应用

一些 MES 将质量数据采集、控制图绘制以及质量诊断与过程调整等质量管理模块集成在一起，实现动态的工序质量控制。

使用 MES 中的 SPC 一般步骤如下：

1）质量参数获取。在车间制造过程中，识别、分析产品或零部件工艺流程，找出影响产品质量的因素，并根据各工序对最终产品质量影响程度的大小及相互关系，绘制关键工序流程图。根据该图确定质量控制点及关键参数，绘制工序质量管理网络图，对影响产品质量的关键工序实施监控。在确定了关键工序及其参数后，对这些参数进行及时准确的采集和处理，为后续计算、控制和分析诊断做准备。

2）绘制控制图。根据控制图使用的目的不同，可分为分析用和控制用两个阶段，因此要分别绘制分析用和控制用控制图。一道工序的初期或进行系统改进后，总存在不稳定因素，因此，先要绘制分析用控制图来判断过程是否受控。在分析用控制图阶段，如过程有异因存在，应积极采取措施分析原因，调整过程，直到剔除所有异因，过程受控。在保证过程受控的情况下，通过查表计算过程能力指数，判断过程能力是否合适。如果过程能力充足，就用稳态下控制图的控制线控制生产过程；如果过程能力不充足，则要采取措施分析原因，调整过程，然后重新进行过程判断和过程能力评价。

3）质量诊断与过程调整。在绘制控制图的过程中，过程判断和过程能力分析是两个非常重要的环节，如果出现过程不稳定或过程能力不足的情况，必须进行质量诊断。通过查询质量分析诊断知识库，发现上述情况的原因及解决办法，然后进行过程调整，最终达到稳定的制造过程和合适的过程能力。

四、质量管理案例

1. 海尔 1985 年砸冰箱事件

1985 年，海尔生产的一批冰箱不合格，总经理张瑞敏就坚决地把有问题的 76 台冰箱拿出来砸掉了。通过这件事，海尔全员的质量意识大大提高，从此树立起了严格的质量观，所有的员工都知道要以质量使产品走向全球，以质量创名牌。

海尔在生产经营中始终向职工反复强调，在生产制造过程中，始终坚持"精细化，零缺陷"，让每个员工都明白"下到工序就是用户"。这些思想被员工自觉落实到行动上，每个员工都将质量隐患消灭在本岗位上，从而创造出了海尔产品的"零缺陷"，使海尔走在同行的前列。如果员工没有这种"工匠精神"，就不可能打造出中国制造的金字招牌。

2. "哥伦比亚"号航天飞机失事

2003 年 2 月 1 日，美国"哥伦比亚"号航天飞机着陆前发生爆炸，7 名宇航员全部遇难，全世界为之震惊，美国国家航空航天局（NASA）负责人为此辞职，美国航天事业一度受挫。事后的调查结果显示：造成此次灾难的凶手竟是一块脱落的隔热瓦，"哥伦比亚"号航天飞机有 2 万多块隔热瓦，能抵御 3000℃高温，避免航天飞机返回大气层时外壳被熔化。航天飞机是高科技产品，许多标准是一流的、非常严格的，但恰恰因为一块脱落的隔热瓦这 0.005% 的差错葬送了价值连城的航天飞机和无法用价格衡量的 7 条生命。

项目六 PROJECT 6

设备管理

知识目标

1. 了解设备信息、分类、台账和故障字典等基本概念。
2. 了解设备维护管理活动、维护类型和主要维护方法。

技能目标

1. 学会利用 MES 管理车间设备资产。
2. 学会利用 MES 管理车间的设备维护活动。

项目背景

生产设备处在车间生产活动的中心地位。设备的运转情况会影响产品产量和质量,设备发生故障停机检修将影响生产调度。可以说,设备管理是企业生产活动的物质技术基础,决定着企业生产效率和质量,要维持正常的生产效率就离不开对设备的管理。

当前,工业制造环境趋于智能化,越来越多的智能设备已投入制造生产。然而,智能设备无论多么智能,总归是机器,是机器就会出问题,而且一旦遇到关键设备停机,将给企业带来不可估量的经济损失。因此,在智能制造新形势下,对生产设备的技术管理水平要求更高。

MES 设备管理关注车间设备的技术状态,强调数字化和预防性。本项目的任务一通过图表、示教数字化车间和实训 MES 等介绍车间设备信息的构成,学生应掌握利用 MES 管理车间设备信息的基本方法。本项目的任务二通过图表、示教数字化车间和实训 MES 等介绍 MES 的设备运行维护管理全过程。

任务一 管理生产设备

任务描述

通过学习相关知识,认识车间生产设备信息的构成,掌握利用 MES 管理生产设备信息的

基本方法。

结合一个模拟的机械加工车间,收集车间生产设备相关信息,使用 MES 建立该生产车间的设备台账和设备故障字典,为下一步实施设备维护管理做好准备。

相关知识

一、设备信息

设备信息是生产调度、设备维护管理业务的基础。设备信息包括设备本身固有的基础信息和设备运行期间产生的动态信息。

1. 设备基础信息

设备作为生产物质资源,在 MES 初始化阶段应定义好。设备基础信息分为以下几种:

1)设备类别:生产企业对设备的分类。将生产企业中有类似特征的生产设备分组归类,每类设备都有一组相同的特性。

2)设备台账:设备名称、设备编号、设备型号、生产厂家、技术参数、使用部门以及设备技术状态,如设备的启用、故障、维修、空闲和报废等状态。

3)设备档案:设备的技术资料、维护手册、操作手册、安装资料、验收资料、安全文件以及相关图形、影视文档等。

2. 设备运行信息

设备运行信息是设备在使用过程产生的信息,如设备运行监控记录、设备故障维修记录、设备保养记录、设备点检和巡检记录等。

要管理好生产设备,就要对设备相关概念有所了解。本任务介绍设备基础信息中的有关概念。

二、设备分类

设备分类的目的是方便设备的查询和统计。此外,设备分类后可运用于 MES 生产调度。在生产排程时,MES 将同类设备中的每一个作为一个独立的生产调度单元和维护单元。发出生产请求时,MES 根据对生产设备的要求,如所需的设备类、数量和持续时间,自动从满足条件要求的这类设备中分配给生产使用。

例如,有些企业不同生产工段可能需要不同轴数、加工精度的机床,因此可以将轴数相同、加工精度相同的数控机床归为一个设备类。

如果生产线作为一个生产请求调度单元,那么也可以把生产线作为一个设备类。

例如,电路板制造线可能有不同的电路板尺寸(如 5mm、10mm 等)、输入队列尺寸(如 25、50 等)。这些指标相同的生产线就可以归为一个设备类。可设定如下两类设备:

1）电路板制造线 A 类，其特性为：电路板尺寸为 5mm，输入队列尺寸 25。

2）电路板制造线 B 类，其特性为：电路板尺寸为 10mm，输入队列尺寸 50。

在生产调度时，可以根据电路板制造线种类，合理安排生产计划。

建立设备类别表可参考表 6-1 给出的设备分类示例，主要内容包括设备类别编号、设备类别名称、设备特性（一组）以及与特性对应的度量单位[9]。

表 6-1 设备分类示例

设备类别信息项		示例 1 —— 机器	示例 2 ——生产线
设备类别编号		SK01	DLB0A
设备类别名称		数控机床	电路板制造线
设备特性	特性 1 名称	轴数	电路板尺寸
	特性 1 度量单位	个	mm
	特性 2 名称	加工精度	输入队列尺寸
	特性 2 度量单位	mm	个
	特性 3 名称	电主轴进给速度	波峰焊机的温度变化
	特性 3 度量单位	m/min	℃
	⋮	⋮	⋮

三、设备台账

1. 设备台账信息

台账原本是指摆放在台上的流水账簿。设备台账是掌握企业设备资产状况，反映企业各种类型设备的拥有量、设备分布及其变动情况的主要依据。做设备台账，责任重大，一定要工作认真，诚实守信，严谨负责，如实记录设备信息和数据，决不可以弄虚作假。

使用 MES 建立设备台账和设备档案后，就能够根据当前设备的状态，合理安排生产需要的设备。而且，当设备发生故障时，还可以快速检索到设备的历史运行维护情况，调取设备图样、安装说明书和设备图片等，也可以快速统计各类设备的使用和维护情况。

设备台账主要由设备基础信息组成，设备台账信息项可参考表 6-2[11]。

表 6-2 设备台账信息

序号	设备信息项	示例
1	设备编号	SK01001
2	设备名称	CKA6136 数控机床
3	设备类别编号	SK01（对应表 6-1）
4	设备类别	数控机床
5	设备规格	最大工件回转直径 ϕ360mm

(续)

序号	设备信息项	示例
6	设备型号	CKA6136
7	使用部门	机加车间
8	设备状态	在用、维修、故障
9	启用时间	2019-3-27
10	设备责任人	李××
11	生产厂家	北京×××× 公司
12	出厂编号	23019102
13	出厂日期	2019-1-1
14	原值	120000000
15	折旧年限	4年

在设备台账中，如何区别每一台设备呢？可以为每一台设备编一个唯一的设备编号。通常采用以下两种方法给设备编号：

1）以国家统计局组编的《统计用产品分类目录》为依据，按类编目，按资产编号顺序排列，便于新增设备的编号和分类分型号统计。

2）按照车间、班组设备编号。这种形式便于生产维修计划管理及年终设备资产清点。也可以两种方式相结合。例如，某企业制订的设备编码规则如图 6-1 所示。

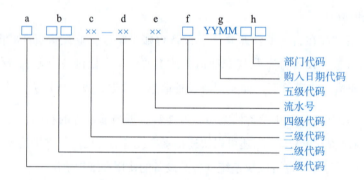

图6-1　设备编码规则示例

贴片组购入一台贴片机，按规则编码为 Zgy01-0201a1903TP。从左至右，Z 表示专用设备，gy 表示工艺类设备，01 表示贴片机，02 表示是第二种类型的贴片机，01 表示这是企业购进的这种类型的第一台，a 表示是主体设备，1903 表示 2019 年 3 月份购进，TP 表示贴片部门。

2. 设备台账的建立方法

为了方便设备的生产调度和分类统计，首先应在 MES 中建立设备类别表，规范每台设备的分类。一般步骤如下：

（1）建立设备类别表　方法如下：

1）收集、整理生产车间所有设备的基本信息。

2）根据企业实际，整理出设备类别表。设备类别表的内容主要包括设备类别名称、设备类别特性和度量单位。

在 MES 中逐项添加设备类别，形成设备类别表。

（2）添加设备信息　方法如下：

1）录入每一台设备的信息。设备信息内容可参考表 6-2。

2）在 MES 中逐项添加设备。应指定每个设备属于哪个设备类别。

四、故障字典

企业设备的维护经验是维修人员在长期实践中积累的结果。为了提高设备维护能力和故障诊断速度，生产企业通常将故障诊断经验用条理化的形式总结并整理出来，即通常所说的故障字典。故障字典既可以帮助提出设备维修申请的人方便描述故障信息，又可以指导设备维修人员采用正确的方法，对故障发生的部位进行检修，及时排除故障。一旦发生异常，维护人员可立即依据故障字典，采用正确的方法，对故障的发生部位进行检修，及时排除故障，以保证设备的正常运行。

设备故障字典信息一般包括故障现象、故障诊断、故障原因和排除方法等。具体信息内容可参考表 6-3。

表 6-3　故障字典表信息

序号	故障字典信息项	示例
1	故障编号	G2019033101
2	故障现象	数控机床切割机在使用过程中 X 轴丢步，加工完零件后，机床不能回到坐标原点
3	故障诊断	检测电动机，电动机工作正常。可能是 X 轴的驱动电路有问题。对驱动线路板进行全面检查，包括检查光电耦合器的输出电压，检查高频发生器的高频输出
4	故障原因	如果光电耦合器的输出电压与正常值不符，可能是该元件损坏导致。如果高频发生器没有高频输出，可能是高频发生器的集成电路发生故障
5	故障元件	光电耦合器或高频发生器
6	排除方法	更换损坏的元件

故障字典的内容可以来源于制造企业自身的设备维护经验积累，也可参照设备厂商提供的设备故障排除手册来建立。

任务实施

本任务的实施工具为 MES 设备管理客户端（Web 页面）。

本任务的实施步骤如下：

1）认识 ElcoDWS 数字化车间设备。

2）定义生产设备类型。

3）添加生产设备。

4）定义故障字典。

一、认识ElcoDWS数字化车间设备

根据项目一中介绍的知识，列出需要管理的设备及其信息。

二、定义生产设备类型

车间的生产设备通常是按照类型来管理的。因此，在向 MES 中添加生产设备之前，需要先定义好生产设备类型。

定义生产设备类型的入口是 MES 生产设备管理客户端（Web 页面）主菜单中的"设备类型管理"菜单项。

设备类型管理界面如图 6-2 所示，当前显示的是已经添加到 MES 中的设备类型列表。列表中显示的设备类型信息包括"序号"和"设备类型名称"。

图6-2 设备类型管理界面设备类型列表

使用"添加设备类型"功能进行设备类型添加（图6-3）。

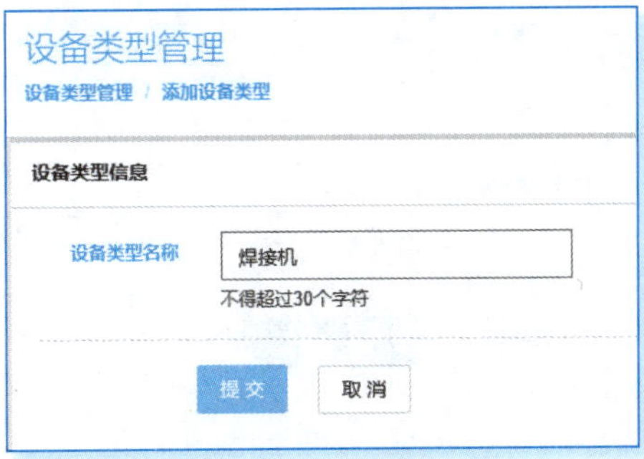

图6-3 添加设备类型

三、添加生产设备

生产设备类型定义好以后，就可以向 MES 中添加生产设备了。

添加生产设备的入口是 MES 生产设备管理客户端（Web 页面）主菜单中的"生产设备管理"菜单项。

生产设备管理界面如图 6-4 所示，当前显示的是已经添加到 MES 中的生产设备列表。列表中显示的生产设备信息包括"设备编号""设备类型"和"设备状态"。

图6-4 生产设备管理界面（生产设备列表）

单击"添加新设备"按钮，进行设备添加（图 6-5）。单击"选择设备类型"，从列表选取该设备所属的分类。

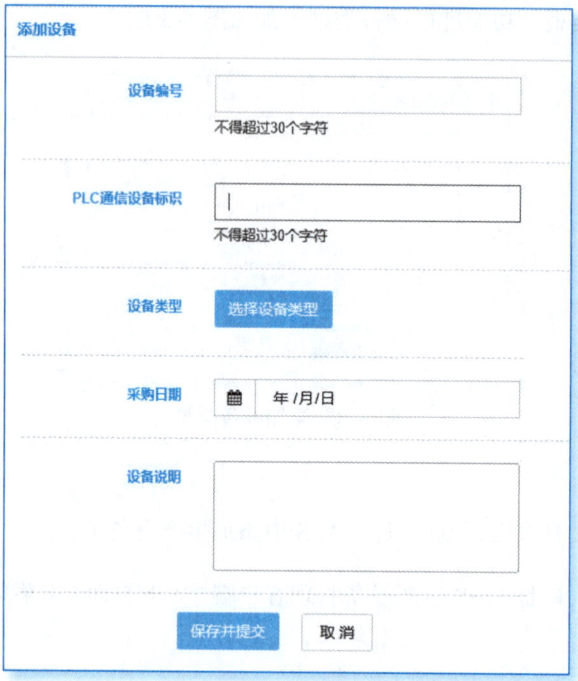

图6-5 添加设备

四、定义故障字典

设备故障字典管理的入口是 MES 生产设备管理客户端（Web 页面）主菜单中的"设备故障字典管理"菜单项。

设备故障字典界面如图 6-6 所示，当前显示的是已经添加到 MES 中的设备故障列表。列表中显示的设备故障信息包括"故障名称"和"故障编号"。

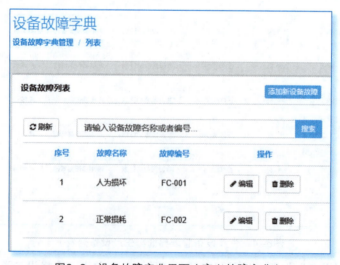

图6-6 设备故障字典界面（定义故障字典）

单击"添加新设备故障"按钮，添加新设备故障字典项（图 6-7）。

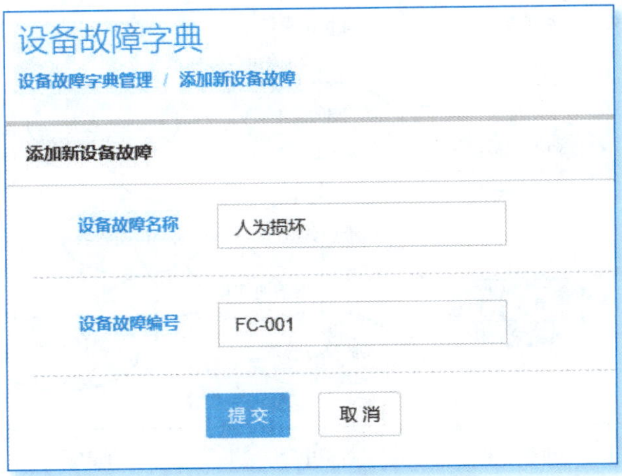

图6-7　添加新设备故障字典项

任务二　设备维护管理

任务描述

结合一个示教数字化车间，使用 MES 的设备管理功能，处置故障维修工单，并制订计划，定期对设备实施预防性的维护管理。通过本任务的学习，学生应理解和掌握 MES 设备维护工作。

相关知识

一、设备维护管理活动

设备是制造企业从事生产活动的主要物质资料。设备管理广义上面向设备生命周期全过程，包括选择设备、正确使用设备、维护修理设备以及更新改造设备全过程的管理工作。

MES 针对车间的生产设备的管理活动，可保证设备处于良好的技术状态，并为 MES 生产排程提供车间设备状况，以便能够合理安排生产设备。

设备维护管理属于制造执行的运行维护活动[3]，是一组协调、指导和跟踪设备的活动。设备维护管理由八个活动组成。各个活动的关系描述如图 6-8 所示。

从图 6-8 可以看出，设备维护管理活动分为维护准备、维护中和维护后三部分。

1）维护资源管理：提供对维护设备、工具和人员等资源的管理。

2）维护定义管理：提供对设备资料（如使用说明书、维护手册、维修操作手册和诊断程序等）的管理，用于指导维护人员的维护活动。

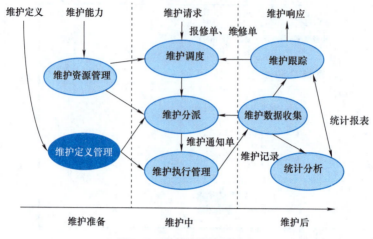

图6-8 设备维护管理活动

3）维护调度：指根据维护请求以及当前的生产计划、可用资源制订维护计划，明确维护执行人（部门）、执行时间等。维护请求可能是纠正的、预防的、提前的和基于状态的维护；可以是来自业务部门的，也可以来自智能仪表和控制系统自动产生的基于设备状态的请求。维护请求的内容主要包括维护请求人、维护请求日期和时间、维护设备、优先级以及请求描述等。

4）维护分派：发出维护通知单，把维护请求分派到维护人员。维护通知单的主要内容包括分配的人员、分配的优先级以及分派状态等。

5）维护执行管理：对维护请求进行响应，产生维护工作通知单。维护响应的内容主要包括响应日期和时间、响应人、处理结果以及响应描述等。

6）维护跟踪：反映维护情况，形成维护活动报告。

7）维护数据收集：收集设备维护请求时间、估计用时、实际用时、当前状态以及维护人员等。

8）统计分析：通过收集维护数据、分析问题，制订改进措施并进行改进，还包括对维护成本和绩效的分析。

本项目任务一已经完成了"维护定义管理"，在MES中建立了设备的基础信息。下面着重介绍设备维护中的其他主要活动。

二、设备维护类型

设备维护可以分为以下四种[3]：

1）基于设备故障响应的维护，也就是当设备出现故障后才实施维护，是响应性的维护，在某些行业称为矫正维护。

2）基于时间或周期的循环维护，即在固定时间或按固定周期（如按周、月、年）实施维护，是预防性维护。通常说所的巡检、点检、保养和计划大修小修等都属于此类。

3）基于设备状态的维护，即通过提前采集的设备数据，预测未来可能发生的故障而预先维护。这种维护无需濒临故障或出现破坏性现象后才去处理，是预见性维护。

例如，一些设备管理系统通过实时或定时采集数控机床转速和主轴振幅数据，抽取共振点的转速-振幅，采用人工智能技术对历史数据训练预测模型，预测机床运行中的异常设置和故障，及时维修，减少机床故障带来的经济损失。

4）资源运行绩效和效率的优化，即对生产设备进行优化以提高运行效率。

三、设备故障管理

设备故障管理是对设备故障发生后进行管理的一系列活动，包括故障处理请求、派发故障处理任务、执行故障处理以及记录故障处理情况，属于基于设备故障响应的维护。

1. 工作步骤

设备故障管理的一般步骤如下：

1）发出设备故障处理请求。

2）调度可用资源，派发故障处理任务工单。

3）维护人员接到故障处理任务工单，到现场排除设备故障。

4）维护人员记录故障维修情况，提交故障维修记录。

5）管理人员根据设备故障处理情况，决定是否关闭故障维修任务。

设备故障维修管理流程如图 6-9 所示。

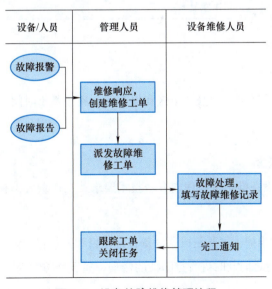

图6-9 设备故障维修管理流程

2. 故障维修记录

在故障管理过程中，应记录好设备故障现象、故障诊断和故障维修情况等。故障维修记录信息可参考表 6-4[11]。

表 6-4 故障维修记录信息

序号	项	示例
1	故障记录单号	SG1903100001
2	设备编号	SK010001
3	修理日期	2019-03-19
4	完成日期	2019-03-20
5	故障停机时间	48h
6	诊断时间	2h
7	技术支援时间	2h
8	排障时间	10h
9	备件等待时间	2 天
10	故障类别	一般
11	故障现象描述	停机
12	故障分析描述	电动机轴承烧损
13	故障原因	电动机损坏
14	工时费用	1000 元
15	故障损失	10000 元
16	维修人	张三

四、预防性维护管理

生产设备的计划性维修包括大修、小修和保养等，属于基于时间或周期的循环维护，是预防性维护。

1. 常见的设备维护概念

（1）大修与小修 设备维护按修理内容、技术要求、工作量大小和修理时间长短，可以分为大修和小修。

1）小修也称作日常维护，主要是根据设备日常检修和其他自检设备检测所发现的设备缺陷或劣化征兆，在故障发生之前及时进行排除性的修理，属于预防性维护。

2）大修的工作量最大，修理时间较长，其目的是将设备大部分解体，以修复基础件，更换或修复机械零件、电气零件，调整修理电气系统。经过大修的生产设备可以全面清除大修前存在的缺陷，修复设备规定精度。

（2）计划保修制　　计划保修制是从 20 世纪 60 年代起，我国在总结计划预修制的经验和教训的基础上逐步建立的一种专群结合、以防为主、防修结合的设备维护制度，明确了有计划地进行设备三级保养和大修理的体制和方法。三级保养分为日常维护保养、一级保养和二级保养。实践表明，国内许多机械制造企业都实行这种设备维护制度并取得较好的效果。

（3）巡检和点检　　巡检和点检是广泛用于车间设备管理的一项基本制度和管理方法，主要是通过人的五感（视、听、嗅、味、触）或者借助简单工具、仪器，及时、准确地掌握设备技术状况，达到维持和改善设备工作性能、排查故障隐患、预防事故发生、减少停机时间以及保证正常生产等目的。

1）巡检。巡检可以理解为按照预先设定的标准、周期和方法进行设备巡视检验。通过巡检能够及时发现设备的异常现象和隐患，掌握设备故障的初期信息。巡检要深入车间，对机器设备进行检验，并做好巡检情况记录。

2）点检。点检是对设备上的规定部位（点）进行有无异常的预防性周密检查，期望设备的隐患和缺陷能够得到早期发现、早期预防及早期处理。点检周期、点检内容依据设备说明书、操作规程等制定，不同行业、不同车间、不同设备会不一样。设备点检工作的内容一般包括"五定"：①定点——设定检查部位、项目和内容，特别是关键点；②定法——设定检查方法；③定标——制定检查标准；④定期——设定检查周期；⑤定人——确定点检项目由谁实施。

2. 工作步骤

在预防性维护前，应编制计划，做好维修的各项准备工作。在拟订的周期或日期，根据维修计划形成维修工单，维修后对维修工作应进行详细工作记录。预防性维护一般步骤如下：

1）编制设备保养、点检、巡检和大修小修等维护计划。

2）分派任务，包括工单准备、工单签发。

3）工单执行，包括维修人员执行维护，人工或使用现场终端执行设备巡检、点检，登记设备维修和检查情况以及分析异常状态的设备。

4）工单完成后反馈检修数据。

5）管理人员监督计划执行和完成情况。

3. 设备维护计划

预防性维护管理与故障维修管理类似，不同之处在于预防性维护需要制订维护计划，维护工作要按计划执行。设备维护计划信息参考表 6-5[2]。

表 6-5　设备维护计划信息

序号	设备维护信息项	示例
1	维修计划单号	WP1903100001
2	设备编号	SK010001
3	设备名称	CKA6136 数控机床
4	计划停机时长	24h
5	计划开始时间	2019-03-20
6	计划结束时间	2019-03-22
7	维护开始时间	2019-03-20
8	维护结束时间	2019-03-21
9	维护内容	检查电器部件、检查液压、气压系统
10	承担单位	维修班
11	结论	设备正常
12	验收部门	设备部
13	维护人员	李四
14	计划状态	待检、检完

五、设备运行监控

车间设备的良好状态是确保生产正常进行的基本保障。因此，对设备的日常运行状态必须进行监控和记录，发现异常时及时处理。

设备运行监控的数据采集主要有以下三种方式：

1）自动采集方式。利用物联网技术"感知"采集设备的信息和状态，如温度、湿度、压力、速度和位移等数据，将采集到的设备状态信息以图表的形式实时展现，方便相关设备管理人员随时查看、分析设备是否处于瓶颈状态，也为现场提供设备可视化管控所需的数据。

图 6-10 所示为一个导热油泵实时监控看板。通过看板可以直观地了解各个设备的状况，如是否处于空闲、报警级别等。

2）人工参与方式。采用 PDA、条码扫描器和触摸屏看板等人机交互设施，将设备运行信息（如设备运行时间、起动时间、停止时间、待机时间和状态等）录入 MES。

3）数据交换方式。数据来自外部数据库或 XML 等数据文件，或通过第三方系统提供的数据接口、物联网中间件、数据采集与监控系统等获取，一般读取设备的各种状态，而不需要人工输入，确保数据的真实准确。

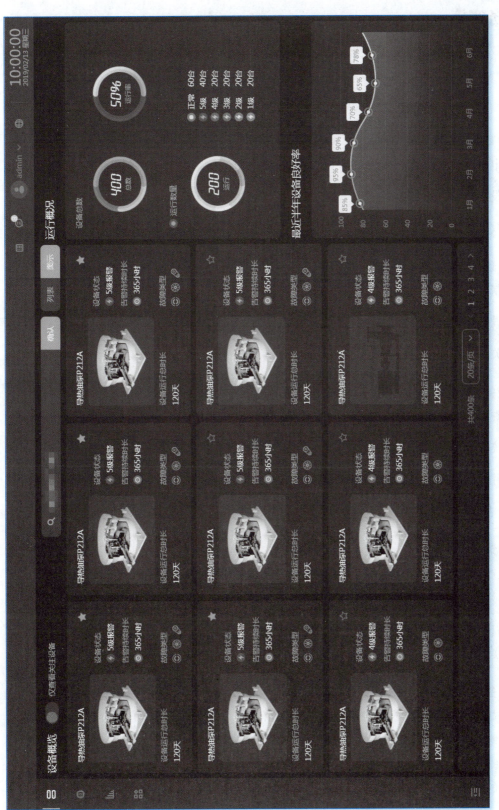

图6-10 导热油泵实时监控看板

任务实施

本任务的实施工具为 MES 设备管理客户端（Web 页面）。

本任务的实施分为三个部分：故障维修（响应式维护）、计划性维修（预防性维护）和运行统计。

1. 故障维修实施步骤

1）申请设备故障维修。

2）设备故障维修响应。

3）故障维修记录。

2. 计划性维修实施步骤

1）制订设备维护计划。

2）设备维护响应和记录。

3）关闭计划。

3. 设备运行统计

1）查看维修、维护历史。

2）统计运行情况。

下面按顺序对每个实施步骤进行详细介绍。

一、故障维修

1. 申请设备故障维修

当生产车间发现某个设备发生故障时，可以立即在 MES 中提交设备维修申请。

进入设备管理界面，单击"申请设备维修"，系统弹出对话框让用户描述设备故障信息，提交维修申请（图 6-11）。

2. 设备故障维修响应

设备故障维修申请首先到达维修管理人员，由管理人员根据维修资源情况分派设备维修任务，创建维修任务工单。维修工人将在自己的维修任务列表中看到管理人员分派的维修任务（图 6-12）。

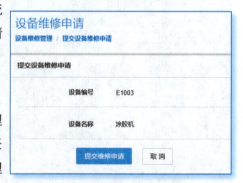

图 6-11 设备维修申请

设备管理 项目六

图6-12　故障维修任务列表

3. 故障维修记录

维修工人单击任务后面的"编辑"按钮，进入"填写设备维修信息"对话框（图6-13）。对于新接收到的维修任务，可以单击"开始维修任务"按钮，告诉MES开始处理当前的维修任务。在维修过程中，维修工人可以填写维修信息并单击"保存维修信息"按钮进行保存，维修工人可以多次填写维修信息。对于已经处理完的维修任务，单击"完成维修任务"按钮，告诉MES当前的维修任务已经完成了。

图6-13　填写设备维修信息

二、计划性维修管理

MES提供了多种维护周期供用户设定，可按日、周、月、年设定维护时间。

1. 制订设备维护计划

1）可以为设备设置日维护计划，规定每日的维护时间段，日维护计划设置了一个开关项，可根据情况打开或关闭日维护计划；可以为设备设置周维护计划，规定每周的维护时间段，周维护计划也设置了开关项，可根据情况打开或关闭周维护计划（图6-14）。

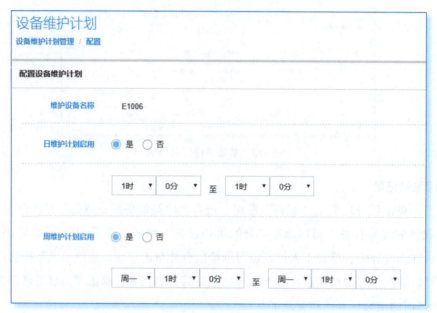

图6-14　制订设备维护计划（日、周）

2）可以设定月维护计划，规定每月的维护时间段；可以设定年维护计划，规定每年的哪段时间要维护；另外，也可以设置指定的日期和时间进行设备维护。以上维护计划都可以通过开关项控制其启用和关闭（图6-15）。

图6-15　制订设备维护计划（月、年、指定日期）

设备维护计划设置好以后，即可通过设备维护日历直观地了解哪些天、哪个时段要进行设备维护，系统提供了月日历（图6-16）、周日历（图6-17）、天日历（图6-18）以及按日程排列的日历（图6-19）。

图6-16　设备维护日历（月）

图6-17　设备维护日历（周）

图6-18　设备维护日历（天）

2. 设备维护响应和记录

维护计划制订以后，系统将自动产生设备维护请求，设备维护管理人员收到请求后，根据维护资源的情况进行维护任务分派。设备维护工人将在自己的维护任务中看到分派的设备维护任务（图 6-20）。维修工人可以单击任务后面的"编辑"按钮，进入"填写设备维护信息"对话框（图 6-21）。

图6-19　设备维护日历（日程）

可以单击"开始维修任务"按钮，告诉 MES 开始维修。单击"保存维修信息"按钮，保存录入的维修信息。单击"完成维修任务"按钮，告诉 MES 该任务已完成。

3. 关闭计划

设置维护计划以后，可以根据需要随时关闭某一天的维护计划。此操作可以在维修日历中完成，系统会弹出对话框让用户确认关闭操作（图 6-22）。

图6-20　设备维护任务

图6-21　填写设备维护信息

图6-22　关闭维护计划

三、设备运行统计

1.查看维修、维护历史记录

可以通过设备维修管理中的"查看维修历史记录"功能查看设备维修历史信息,包括每个维修任务的"申请维修时间""实际维修时间"和"维修信息"(图 6-23)。通过"查看维护历史记录"功能查看设备维护历史信息,包括"计划维护时间""实际维护时间"和"维护信息"(图 6-24)。

2.统计运行情况

通过"设备运行统计"功能查看设备的运行统计数据,包括"设备有效利用率""平均故障间隔"和"平均维修耗时"(图 6-25)。

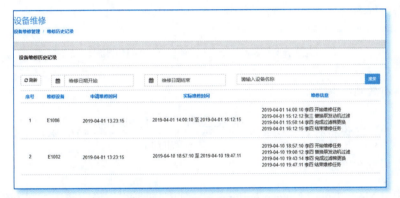

图6-23　维修历史记录

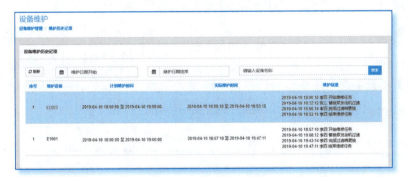

图6-24　维护历史记录

图6-25　设备运行统计

拓展知识

一、设备运行统计分析方法

设备管理过程记录了设备运行的各项信息。设备统计分析的目的就是对这些信息分类汇总，并采用设备管理理论模型，计算用户关心的统计指标，以达到完善设备管理方法的目的。

设备运行统计分析通常包括对设备停机情况、设备易损部位、设备可靠性和设备综合效率等指标的统计分析，还可使用图形化方法，从多个维度画图表，直观展现关键性指标，便于发现问题，及时对异常情况做出反馈，避免损失。

下面介绍几种常用的指标，包括设备完好率、设备有效利用率、设备可靠性和设备综合效率等。

（1）设备完好率

$$设备完好率 = \frac{完好设备台数}{设备总数} \times 100\% \qquad (6-1)$$

（2）设备有效利用率

$$设备有效利用率 = \frac{有效运行时间 - 停机时间}{有效时间} \times 100\% \qquad (6-2)$$

（3）设备可靠性指标

1）MTBF（Mean Time Between Failures） MTBF即平均故障间隔（时间/次），表示某设备故障发生期间的时间平均值。MTBF值越大越好。计算公式为

$$MTBF（时间/次）= \frac{总运行时间}{总故障次数} \qquad (6-3)$$

【例6-1】某设备在一个统计时间段内的使用情况为：500h 运行——2h 修理——1200h 运行——5h 修理——1000h 运行——4h 修理，MTBF 是多少？

$$MTBF = \frac{500h + 1200h + 1000h}{3次} = 900h/次$$

可以使用 MTBF 有效地评价设备的状态，即把 MTBF 计算公式稍微变换一下，用"产量/总修理次数"表示 MTBF，表示修一次设备可生产多少个产品。该值越大，则设备的状态越好。

有了反映设备状态的指标，就可以此指标为维护工作提供依据，专门针对 MTBF 小于一定标准的设备进行检修，使总体 MTBF 保持一个较高的水平。

2）MTTR（Mean Time To Repair） MTTR即平均修理时间或平均维修耗时（时间/次），

表示某设备故障发生期间修理时间的平均值。MTTR 值越小越好。计算公式为

$$\text{MTTR}（\text{时间}/\text{次}）= \frac{\text{总修复时间}}{\text{故障次数}} \tag{6-4}$$

【**例 6-2**】某设备在一个统计时间段内的使用情况为：500h 运行——2h 修理——1200h 运行——4h 修理——1000h 运行——3h 修理，MTTR 是多少？

$$\text{MTTR} = \frac{2h+4h+3h}{3\text{次}} = 3h/\text{次}$$

同样地，把 MTTR 计算公式稍微变换一下，用"维修时间/产量"表示 MTTR，即每做一个产品的平均修理时间。MTTR 越小，设备的状态就越好。

根据设备在数据信息采集周期内计算得到的 MTBF、MTTR，进行分析筛选。MTTR 数值越大的某类或某台设备，其易修复性越差，说明其修复难度越大、修复耗时越长。筛选出那些 MTBF 小、MTTR 大的设备，就是需要进行预防保全的重点设备。

（4）设备综合效率　设备综合效率（Overall Equipment Effectiveness，OEE）是全面生产维护（Total Productive Maintenance，TPM）的重要组成部分，它能够全面地反映设备的有效利用率，并通过时间损失分析为改善生产模式提供必要的信息。在批量生产中，一般每台生产设备都有理论产量，要实现这一产量必须保证生产过程中没有任何时间损失和质量损耗。但是，由于车间设备在实际使用过程中常常会受到各种因素的影响，设备不能达到最大有效利用率，从而导致实际产量与理论产量之间存在一定的差距。国际上通常采用 OEE 指标来反映设备实际生产能力与理论生产能力之间的差别。OEE 是一个综合性的指标，用来表现实际的生产能力相对于理论产能的比率。

OEE 由时间可用率、性能表现指数以及质量指数三个关键要素构成。OEE 计算公式如下：

$$\text{OEE} = \text{时间可用率} \times \text{性能表现指数} \times \text{质量指数} \tag{6-5}$$

其中：

$$\text{时间可用率} = \frac{\text{实际工作时间}}{\text{计划工作时间}} \tag{6-6}$$

时间可用率用来描述停工所带来的损失，包括设备故障、原材料短缺以及生产工艺、流程和方法的改变等会使计划生产发生停工的任何事件。

$$\text{性能表现指数} = \frac{\text{理想周期时间}}{\text{操作时间}/\text{总产量}} = \frac{\text{总产量}}{\text{操作时间}/\text{生产速率}} \tag{6-7}$$

性能表现指数用来评价生产速度上的损失，包括任何导致生产不能以最大速度运行的因素，例如设备的磨损、材料的不合格以及操作人员的失误等。

$$质量指数 = \frac{合格品数量}{总产量} \quad (6-8)$$

质量指数用来评价质量的损失,反映没有达到或没有满足质量要求的产品(包括返工的产品)。

OEE 在实际应用中有不同的表达形式,例如:OEE = 时间开动率 × 性能开动率 × 产品合格率,OEE= 时间利用率 × 设备性能率 × 产品合格率,OEE = 可使用率 × 工作表现率 × 品质率。

【例 6-3】假设某台设备理论上加工 1 件产品只需 30s,某一天的运转情况如下:

1)运行时间为 12h,分为 2 班运转。

2)每班开始的前 10min 开班会计划停机。

3)这天发生了故障停机 50min,设备参数调整花费 20min。

4)这天共加工产品 1000 件,其中 50 件废品。

求这天该设备的 OEE。

计算 OEE 需要分别计算出时间可用率、性能表现指数以及质量指数。

1)计算时间可用率,参照式(6-6)。

计划运行时间 = 12h × 60min/h – 10min × 2 = 700min

实际运行时间 = 700min – 50min – 20min = 630min

$$时间可用率 = \frac{630\text{min}}{700\text{min}} = 0.9 \, (90\%)$$

2)计算性能表现指数,参照式(6-7)。

设备理论上加工 1 件产品只需 30s,即 0.5min。

$$性能表现指数 = \frac{总产量}{操作时间/生产速率} = \frac{1000 \text{件}}{630\text{min}/(0.5\text{min}/\text{件})} = 0.794 \, (79.4\%)$$

3)计算质量指数,参照式(6-8)。

$$质量指数 = \frac{合格品数量}{总产量} = \frac{1000 \text{件} - 50 \text{件}}{1000 \text{件}} = 0.95 \, (95\%)$$

4)计算 OEE,参照式(6-5)。

OEE = 时间可用率 × 性能表现指数 × 质量指数 = 0.9 × 0.794 × 0.95 = 0.679(67.9%)

如果工厂/车间有多台设备,应分别计算出单台设备的 OEE,然后计算工厂/车间的设备综合效率(假设有 n 台设备),计算公式为

$$\text{工厂/车间的设备综合效率} = \frac{\sum_{i=1}^{n} \text{第}i\text{台设备OEE} \times \text{第}i\text{台设备产量}}{\text{总产量}} \quad (6\text{-}9)$$

图 6-26 所示为一个设备运行监控 OEE 界面，可以实时观察设备的 OEE 数值。

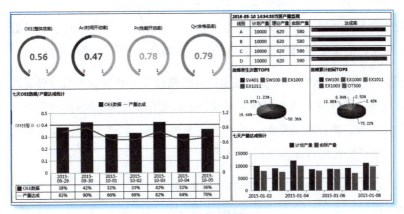

图6-26　OEE界面图示

在一般制造业生产过程中会存在以下常见的影响 OEE 的现象（OEE 损失）：设备停机、换装调试、暂停机、减速、起动过程产生次品和生产正常运行时产生次品，见表6-6。

表 6-6　OEE 损失及说明

现象类别	影响 OEE 的要素	说明
设备停机	时间可用率	设备因为一些大的故障，或者突发事件所引起的停工
换装调试	时间可用率	因改换工具、生产线调试等准备工作而造成的损失，一般位于工位安排、生产布置这一阶段
暂停机	性能表现指数	一般指设备停工较短、并不需要维护人员介入的停机
减速	性能表现指数	任何阻止设备达到设计产能的因素
启动过程次品	质量指数	设备预热、调节等生产正式运行之前产生的次品
生产过程次品	质量指数	生产稳定进行时产生的次品

二、设备维修智能化

在智能制造背景下，工业系统向更为复杂化、智能化方向发展。对于维修管理来说，维护维修的工作量、维修响应能力、系统可靠性和稳定性要求以及维护人员综合技能要求方面都面临重大挑战。基于日益发展的人工智能和大数据技术，设备维修管理将朝智能化方向发展，应用场景如下：

（1）设备故障智能诊断　持续抽取并学习工人师傅的检修经验，对海量设备检修报告以及设备运行参数中各类异常运行状态进行挖掘学习，归类总结设备故障诊断知识，构建设备故障诊断知识图谱，协助检修人员提升工作效率，缩短检修作业时间。根据现场反馈信息，推送故障诊断案例报告。设备故障智能诊断示例如图 6-27 所示。

图6-27　设备故障智能诊断示例

（2）设备健康智能预警　利用设备基本信息、运行信息、历史信息、试验数据和缺陷信息等业务数据，建立评估模型，给出设备健康分值，实现排产推荐、检修提醒。

图6-28所示为一个机床生产设备的健康智能诊断过程。通过数控机床转速和主轴振幅数据的实时或定时采集，抽取共振点的转速-振幅，通过对历史数据训练预测模型，预测机床运行中的异常设置和故障，进而规避缺陷，减少次品率的发生，减少对主轴和刀具的损耗。分析共振转速趋势，评估机床耗损情况，及时检修。

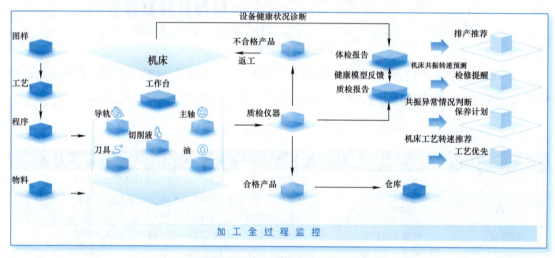

图6-28　设备的健康智能诊断过程

（3）预测性维修智能诊断和远程运维　将云计算和智能应用融合，结合AR智能眼镜，构建现场故障检测→云计算隐患排查→远程故障诊断→AR辅助现场排查与处理的预测性维修闭环。AR远程维修协助示例如图6-29所示。

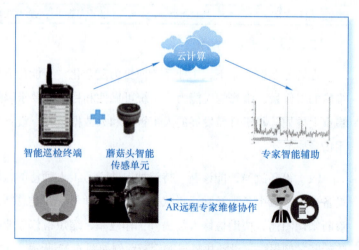

图6-29　AR远程维修协助示例

参 考 文 献

[1] IEC. Enterprise-control system integration Part 1: Models and terminology：IEC 62264-1：2013［S］. Geneva: IEC，2013.

[2] IEC. Enterprise-control system integration Part 2: Objects and attributes for enterprise-control system integration: IEC 62264-2: 2013［S］.Geneva: IEC，2013.

[3] IEC. Enterprise-control system integration Part 3: Activity models of manufacturing operations management：IEC 62264-3: 2016［S］.Geneva: IEC，2016.

[4] 胡虎，赵敏，宁振波，等．三体智能革命［M］.北京：机械工业出版社，2016.

[5] 刘诏书，李刚炎．制造执行系统（MES）标准的综述［J］.自动化博览，2006（3）：32-35.

[6] 欧阳劲松，刘丹，汪烁，等．德国工业4.0参考架构模型与我国智能制造技术体系的思考［J］.自动化博览，2016（3）：62-65.

[7] 工业和信息化部,国家标准化管理委员会．国家智能制造标准体系建设指南（2018年版）［R］.北京：工业和信息化部，2018.

[8] 工业互联网产业联盟．工业互联网平台白皮书（2017）［R］.北京：工业互联网产业联盟，2017.

[9] 邓华．生产计划与控制［M］.北京：中国纺织出版社，2017.

[10] 杨彦明．质量管理统计分析与应用［M］.北京：清华大学出版社，2015.

[11] 中国电子技术标准化研究院．制造执行系统（MES）规范 第9部分：机械加工行业制造执行系统软件功能：SJ/T 11666.9—2016［S］.北京：中国电子技术标准化研究院，2016.